ISBN 3-933786-01-0

Copyright © by Kretzschmar Verlags GmbH,
Hülsebrockstr. 101, 48165 Münster

1. Auflage 1999

Fotos: Sonja Hoffmann
Zeichnungen: Inge Schulze Bövingloh: S. 41, 45, 47, 55,
57, 59

Gesamtherstellung:
LV Druck im Landwirtschaftsverlag GmbH, Münster-Hiltrup

Sonja Hoffmann

Das Therapiepferd

Auswahl · Ausbildung · Einsatzmöglichkeiten

Kretzschmar
VERLAG

Ausbildung des Therapiepferdes

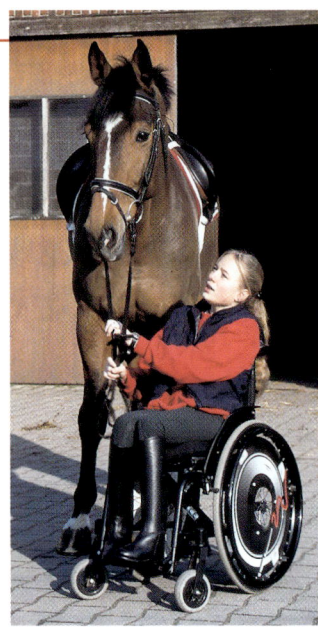

Einführung

Ein Buch über das Therapiepferd? Was ist ein Therapiepferd? Was zeichnet es aus? Wie bildet man es aus? Woran erkenne ich, ob mein Pferd dafür geeignet ist? Was muß es können? Wie sieht so ein Pferd denn überhaupt aus?

Diese Fragen und noch viele mehr habe ich mir zu Beginn meiner Reittherapie-Ausbildung und -Tätigkeit selbst oft gestellt und nun, im Rahmen meiner Arbeit in diesem Bereich, am Infostand bei Messeveranstaltungen, als Beauftragte im Behindertenreitsport in Bayern, bei Turnieren oder auch bei Vorträgen, höre ich diese Fragen auch von anderen Seiten.

Ob es nun Stallbesitzer sind, die ihren Schulbetrieb um die Therapiearbeit erweitern wollen, Ausbilder, die in dem Bereich einsteigen möchten, grundsätzlich an der Therapiearbeit Interessierte, in der Therapieausbildung Befindliche oder Pferdebesitzer, die ihr Pferd gerne dafür zur Verfügung stellen wollen, oder Personen, die sich damit eine Existenz aufbauen möchten, oder oder oder ...! Die Beweggründe sind oftmals sehr unterschiedlich, die Vorstellungen weit auseinanderklaffend.

Viele glauben, wenn ihr Pferd "brav" ist, dann müsse es doch auch für die Therapie tauglich sein. Andere meinen, ein 25 Jahre altes Pferd auf Gnadenbrot in einem Therapiebetrieb müsse doch ideal sein. Oder, der 12jährige Wallach, hochgradigst hufrollengeschädigt, kann im Therapiebereich doch ideal eingesetzt werden, „der springt eh nicht mehr viel rum", heißt es dann. Immer wenn ich solche Geschichten höre, frage ich mich natürlich, wie es wohl zu so einer Meinung kam, daß ein Therapiehof ein Auffanglager für alte, kränkelnde, „nicht mehr benötigte", ausgediente Pferde oder Ponys sein soll, die gerade mal als „Therapiepferd" noch einsetzbar sind.

Die Vorstellungen über ein Pferd, das im Thera-peutischen Reiten eingesetzt wird, sind so unterschied-lich, von fachlich sehr gut bis hin zu laienhaft naiv, daß ich in diesem Buch das Therapiepferd in seiner Auswahl, im Rahmen seiner Ausbildung und seines Einsatzes dem interessierten Leser näherbringen möch-te. Bewußt habe ich darauf verzichtet, die nicht minder wichtigen Elemente wie Haltung, Fütterung und Krank-heiten ebenfalls mit einzubinden – es hätte den Rah-men des Buches bei weitem gesprengt. Sollten Sie diesbezüglich Probleme oder Fragen haben, bitte wenden Sie sich an die entsprechenden Fachkräfte bzw. lesen Sie in der Fachliteratur nach. Dieses Buch soll auch keine neue Reitlehre darstellen. Gedacht ist es als eine Zusammenfassung, Hilfestellung und Ergän-zung im Therapiebereich. Es möge demjenigen, der in den Therapiebereich einsteigen möchte, eine gute Grundlage und demjenigen, der schon tätig ist, einige interessante neue Aspekte bieten. Vor allem wünsche ich mir, daß es dem zugute kommt, den wir in der Therapiearbeit am meisten brauchen: den „Therapie-partner Pferd".

Sonja Hoffmann

Auswahl des Therapiepferdes

U m ein Pferd korrekt im Rahmen des Therapeutischen Reitens einzusetzen, werden grund-
legende Kenntnisse im Umgang, der Ausbildung und der Betreuung benötigt. Das Pferd
ist kein totes Gerät, sondern ein sensibles, lebendiges Wesen mit zum Teil doch sehr eigenen
Vorstellungen und Ideen, die in die richtigen Bahnen gelenkt werden müssen.

Pferdekunde

Grundlagen

Nur ein Pferd, daß mit einem „roten Faden" trainiert, gearbeitet und entsprechend verantwortungsbewußt eingesetzt wird, kann der richtige Partner, Therapiehelfer, Sportkamerad
oder Medium sein. Man muß die entsprechenden Rassemerkmale, die Beschaffenheit des Pferdes und seine Entwicklung kennen, den entsprechenden Umgang mit dem Tier beachten, die
Haltung, Pflege und natürlich über ein großes Maß an entsprechenden Fertigkeiten und Erfahrungen verfügen. Dabei geht es auch um die richtige Unterbringung des Pferdes, seine korrekte
ausgewogene Fütterung, den entsprechenden Ausgleich zur Therapiearbeit zu finden, die An-
zeichen für eine Erkrankung zu beachten, die Ausrüstung richtig anzupassen und je nach Einsatz entsprechend auszuwählen. Bedenken Sie, daß ein Therapiepferd vieles geduldig über sich
ergehen lassen muß: Es muß Patienten erdulden, die ungeschickt auf seinen Rücken gelangen,
muß an Aufstiegshilfen, Rollstühle, Krücken, alle möglichen und unmöglichen Laute und Geräusche gewöhnt werden. Dabei soll es jedoch immer aufmerksam bei der Sache sein. Unsere Verpflichtung dem Pferd gegenüber ist, ihm bei der Ausübung seiner „Tätigkeit" zu helfen, es nicht
zu überfordern, zielgerichtet und möglichst vielseitig einzusetzen und Ausgleichstraining zu
schaffen. Eine hohe Anforderung an das fachliche Wissen des Therapeuten! Empfehlen möchte
ich Ihnen im Falles des Falles: Scheuen Sie sich nicht, Rat bei Fachleuten einzuholen! Bedenken

Sie, Sie tun es immer zum Wohle des Pferdes und zum Vorteil Ihrer Therapiearbeit. In der ein-
schlägigen Fachliteratur werden Sie für alle nachfolgend angesprochenen Wissensgebiete
weitere Informationen nachlesen können. Ergänzend möchte ich hier aber noch zusätzlich auf
die speziell für die Therapiearbeit benötigten Kenntnisse bzw. Besonderheiten eingehen.

Körperliche Eigenschaften

„Das Therapiepferd" schlechthin gibt es nicht. Es ist weder als Zuchtziel einer Rasse
definiert noch wird es speziell dafür gezüchtet. Es ist auch nicht möglich zu sagen, welche

Rasse oder welche Pferdegröße sich im Besonderen dafür eignet. Die Auswahl des Pferdes richtet sich auf jeden Fall nach dem Klientel, das der Therapeut betreut. In der Regel ist es von Vorteil, mit Pferden verschiedenster Rassen und Größen zu arbeiten, um für jeden Behinderten das richtige Tier auswählen zu können.

Die große Frage lautet „Stute, Wallach oder vielleicht sogar einen Hengst?" Die Meinungen sind sicherlich sehr unterschiedlich. So wie die einen Therapeuten oder Ausbilder gute Erfahrungen mit Stuten werden andere entsprechend gute Erfahrungen mit Wallachen im Rahmen des Therapieeinsatzes gemacht haben. Ob Stuten nun tatsächlich mütterlicher mit behinderten Menschen umgehen, kann ich nicht beweisen. Mein Wallach bzw. mein eingesetzter Haflingerhengst sind mindestens genauso rücksichtsvoll wie besorgt und mütterlich. Die Zickigkeit, die man den Stuten oft so nachsagt, mag sicherlich auch individuell bedingt sein. Die Entscheidung, ob Stute oder Wallach, wäre für mich nicht das Ausschlaggebende. Beide eignen sich meines Erachtens genauso gut für den Behinderten-Bereich.

Bei der Überlegung, einen Hengst einzusetzen, wäre ich eher vorsichtig. Nicht auf jeder Anlage ist es möglich, einen Hengst artgerecht zu halten. Die oft so praktizierte Einzelhaft in der Box, damit nur ja nichts passiert, ist sicherlich komplett der falsche Weg im Umgang und in der Haltung eines Hengstes. Auch wenn der Hengst noch so brav und lieb ist, hat er immer noch Hengstmanieren. Er braucht eine Bezugsperson, die für ihn der Herdenchef ist, die ihn mit einem konsequenten „roten Faden" betreut, trainiert, ausbildet und einsetzt. Dann wird er sich ohne Probleme unterordnen und einwandfrei mitarbeiten. Beispiele gibt es zur Genüge wie im Voltigiersport oder in einigen Lehrbetrieben, wo Hengste auch mit Stuten gemeinsam im Unterricht vertreten sind. Bei einem charakterlich guten und entsprechend ausgebildeten Hengst ist es kein Problem, vor allem dann nicht, wenn der Ausbilder mit anwesend ist. Im Therapiebereich ist ein Hengst nur zu empfehlen, wenn absolut alles passt. Dann kann man mit ihm auch viel Freude haben. Sollte Ihnen das nicht möglich sein, dann wählen Sie Stute oder Wallach.

Wie auch immer Sie sich entscheiden, ein gewisses betriebswirtschaftliches Denken ist auch im Therapiebereich notwendig, so daß es die Auswahl des Pferdes beeinflussen wird. Ideal sind Pferde im Stockmaßbereich von 1,45-1,55 m, denn sie sind für Kinder, Jugendliche oder Erwachsene gleichermaßen einsetzbar. Optimal gerade für kleinere Kinder sind Ponys geringer Größe bzw. bei entsprechender Anzahl von erwachsenen Reitern auch Großpferde einzusetzen. Wenn aber zusätzlich zum Behinderten eine zweite Person mit auf dem Pferd zur Hilfestellung bzw. Sicherung sitzt, wie es im Hippotherapie-Bereich des öfteren der Fall ist, kann ein größeres Pferd von Nutzen sein. Kleinpferde mit oftmals kurzem Rücken bieten dann „nicht soviel Platz", wie in dem Fall aber benötigt wird. Je nach Pferdetyp, Rasse und Körpergröße ist auch die Schwingung im Rücken sehr unterschiedlich. Kleinere Pferde haben in der Relation häufig kürzere Gangarten, die sich nicht immer positiv auswirken. Ich erinnere mich an eine kleine Welsh-Ponystute, die für die Therapiearbeit von Privathand angeboten wurde. Sie war zwar schon zehn Jahre alt, aber noch nicht sehr lange unter dem Sattel, sollte weiter ausgebildet und nach Möglichkeit auch in der Therapie mit eingesetzt werden. Die ersten Monate des Trainings verliefen sehr positiv, und nach etwa einem Jahr wurde sie zum ersten Mal eingesetzt, ausschließlich im Schritt geführt, mit einem zweiten Kleinpferd in der Halle. Der fünfjährige Junge, der zum ersten Mal auf ihr reiten sollte, war auch ganz begeistert, als er das Pony sah. Nach den ersten Minuten mußten wir die Therapieeinheit jedoch abbrechen, denn die kleine Stute entwickelte so einen Ehrgeiz, schob enorm aus der Hinterhand in der Schrittbewegung und übertrug dadurch eine so starke Schwingung im Rücken, daß der auf ihr sitzende Junge schier außer Atem kam. In der Einsatzmöglichkeit des Ponys waren wir dadurch natürlich beschränkt. Stark behinderte Kinder kamen mit der Schwingung überhaupt nicht zurecht. Leichtbehinderte Kinder durften nicht zu groß und zu schwer sein, sonst hatte das Pony wiederum ein Problem. Umgekehrt errinnere ich mich an eine Schimmelstute von ca. 1,68 m Stockmaß, die ebenfalls aus Privathand zur Verfügung gestellt wurde. Die Stute war ein ehemaliges Springpferd, mittlerweile 18 Jahre alt, sehr fit und absolut liebenswert im Umgang. Nach mehrmaligem Ausprobieren und erfolgtem Therapietraining wurde sie dann langsam ein- bis zweimal in der Woche eingesetzt. Von den Kindern und Jugendlichen wurde sie „der weiße Riese" genannt und im Winter aufgrund des dicken Winterfelles, der sie mehr wie ein „Eisbär" aussehen ließ, sehr bestaunt. Zwei Jahre später konnten wir sie aber leider nicht mehr einsetzen, denn figürlich hatte sie sich so verändert, daß sie als Therapiepferd nicht mehr verwendbar war. Ein tiefer Rücken mit entsprechender Empfindlichkeit in Verbindung mit einem sehr tonnigen Rumpf war zum Problem geworden. Für leichte und kleine Kinder war sie zu tonnig, der Normalsitz wäre eher ein Spagatsitz gewesen. Größere Kinder und Jugendliche waren für sie jedoch aufgrund der Rückensenkung zu schwer. Aus diesem Grunde mußten wir sie schweren Herzens aus der Therapiearbeit nehmen.

Die Körpergröße wie auch der entsprechend erforderliche Körperbau richten sich nach den Wünschen im praktischen Einsatz. Der Hippotherapeut wird unter Umständen ein anderes Pferd auswählen als der Therapeut im Heilpädagogischen Voltigieren mit z. B. jungen Erwachsenen. Für eine integrative Kinderreitgruppe werden andere Pferde benötigt als für erwachsene Behinderte im Rahmen des Behindertenreitsports. Auch die erforderliche Qualität der Gangarten, der Raumgriff und Schwung, ist nach dem jeweiligen Einsatz abzuwägen. Dem Rücken des Therapiepferdes ist besondere Aufmerksamkeit zu widmen. Er sollte ohne ein vorstehendes Rückgrat sein, mit einem nicht zu hohen Widerrist und so gut bemuskelt, daß der Reiter auch ohne Sattel, nur mit einer Therapiedecke oder auch einem Voltigierpad als Unterlage, auf dem Pferd sitzen kann. Das Pferd sollte auch nicht zu tonnig sein. Ein breiter Rücken ist für Behinderte, die eine geringe Spreizfähigkeit in den Beinen haben, von Nachteil. Soll eine Helferin bzw. eine Krankengymnastin mit auf dem Pferd sitzen, so muß das Pferd über einen langen kräftigen Rücken und natürlich über eine entsprechende Tragkraft verfügen.

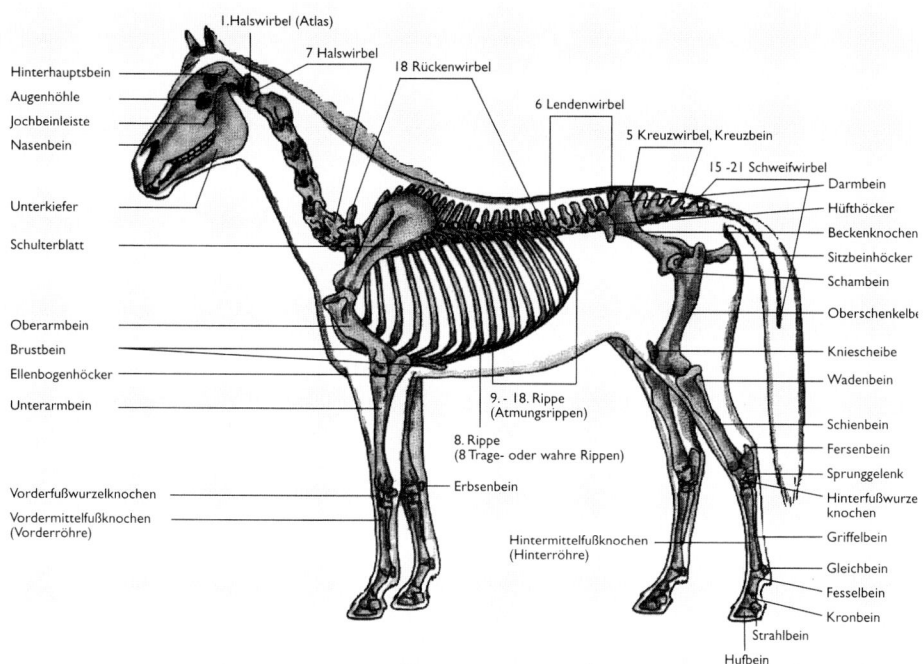

1. Halswirbel (Atlas)

7 Halswirbel

18 Rückenwirbel

Hinterhauptsbein

Augenhöhle

Jochbeinleiste

Nasenbein

6 Lendenwirbel

5 Kreuzwirbel, Kreuzbein

15 -21 Schweifwirbel

Unterkiefer

Schulterblatt

Oberarmbein

Brustbein

Ellenbogenhöcker

Unterarmbein

Vorderfußwurzelknochen

Vordermittelfußknochen
(Vorderröhre)

Darmbein

Hüfthöcker

Beckenknochen

Sitzbeinhöcker

Schambein

Oberschenkelbe

Kniescheibe

Wadenbein

9. - 18. Rippe
(Atmungsrippen)

8. Rippe
(8 Trage- oder wahre Rippen)

Erbsenbein

Hintermittelfußknochen
(Hinterröhre)

Schienbein

Fersenbein

Sprunggelenk

Hinterfußwurze
knochen

Griffelbein

Gleichbein

Fesselbein

Kronbein

Strahlbein

Hufbein

Körperbau des Pferdes.

Oft bin ich nach der Farbe des Pferdes befragt worden. In der Tat ist es so, daß gerade bei Kindern helle Farben oder auch bunte Pferde viel ansprechender wirken. Der Aalstrich meines Norwegers wird z.B. immer wieder auf's Neue bewundert und gibt auch zu vielen kindlichen Spekulationen Anlaß. Auch die zebraähnliche Zeichnung an den Beinen ist für die Kinder hochinteressant. Eine lange Mähne und langer Schweif können ebenfalls von großer Bedeutung sein. Wobei der extrem lange Stirnschopf meines Haflingers schon auch sehr nachdenklich stimmen kann. Spontan fällt mir ein kleiner sechsjähriger Bub ein, der zu Hause mit der Schere dem Schaukelpferd den Schopf abgeschnitten hatte. Auf die erstaunte Frage der Mutter, was das denn solle, erwiderte der Kleine „damit wenigstens das Schaukelpferd etwas sieht!" Hoffentlich kommt er im Stall nicht auf die gleiche Idee...

Anatomie des Pferdes

Bei der Auswahl des Pferdes achtet man darauf, nach Möglichkeit ein Pferd im Rechteckformat auszuwählen. Gemeint ist damit ein entsprechendes Längen- bzw. Breitenverhältnis von Rumpf und Gliedmaßen – ohne den Hals und Kopf miteinzubeziehen –, wobei die Betonung auf dem Rücken liegt, der ja als Bewegungszentrum entscheidend ist. Pferde im Quadrattyp stehend haben zwar häufig einen strammeren und besonders tragfähigen Rücken, sind aber oft auch unbequem zu sitzen, oftmals schwer zu lösen und neigen auch zu

Taktfehlern. Muß ein Krankengymnast mit auf dem Pferd sitzen, sind Quadratpferde aufgrund des kurzen Rückens zwecks „Platzmangels" schon nicht geeignet. Bei der Beurteilung des Pferdes begibt man sich am besten in einigen Metern Abstand zum Pferd und versucht, einen Gesamteindruck des Pferdes zu gewinnen. Man achtet dabei auf Farbe, Typ, Größe, Format, beachtet die Oberlinie (d.h. eine gedachte Linie über Hals, Widerrist, Rücken, Kruppe und Hinterhand) und geht dann auf die Einzelheiten des Gebäudes ein. Das Pferd vor sich stehend teilt man in drei Bereiche ein, die man jeweils für sich nun betrachtet und dann als Gesamtbild noch einmal zusammenfügt. Zum einen ist es die Vorhand, dann die Mittelhand sowie die Hinterhand, auch als Nachhand bekannt.

Bei der **Vorhand** sollte der Kopf trocken sein, mit genügend ausgeprägter Maulspalte, Backenknochen und auch Stirnlinien, die Nüstern wegen der Atmung groß genug sein. Am wichtigsten für die Auswahl zur Therapiearbeit ist sicherlich das Auge des Pferdes, es sagt viel über sein Temperament aus: Es sollte groß sein, klar, ausdrucksvoll, freundlich und ruhig. Der Blick des Pferdes sollte Vertrauen erwecken. Die Ganaschenpartie darf nicht zu ausgeprägt sein, wir wünschen uns einen wenig ausgeprägten Unterkiefer mit einem weiten Kehlgang. Er bewirkt ein leichteres Nachgeben des Pferdes in der Ganaschenpartie und erleichtert das Beizäumen. Der Hals des Pferdes muß genügend lang sein und sich harmonisch vom Rumpf zum Kopf verjüngen. Er sollte zum Gesamtrahmen des Pferdes passen. Den Widerrist wünscht man sich hoch genug und deutlich ausgeprägt mit einem harmonischen Übergang zur Rückenlinie. So gewährleistet er eine gute Sattellage und damit auch eine gute Sitzlage für den Reiter mit entsprechender Rückentätigkeit. Die Schulter sollte möglichst lang und schräg sein, sie bietet uns damit einen guten Raumgriff in allen Gangarten. Eine steile Schulter begrenzt von Natur aus die Bewegungen. Eine breite Brust bietet viel Platz für die inneren Organe und begünstigt damit auch die Kondition unseres Pferdes. Bei den Vorderbeinen achtet man darauf, daß sie gerade sind, mit stabilen Vorderfußwurzelgelenken ausgestattet. Das Röhrbein sollte ebenfalls stabil und kräftig sein. Optimal wäre eine Fesselung mit einer gedachten Mittellinie gerade nach vorne verlaufend in einem Winkel von 45 Grad vom Boden. Eine zu steile Fessel bringt oft eine zu steile Schulter mit sich, verbunden mit frühem Verschleiß und relativ harten Gängen. Eine zu lange Fessel hat zwar viele Federmomente, beansprucht aber die Sehnen.

12

Bei der **Mittelhand** beachten wir ganz besonders die Rückenlinie. Sie soll in einem harmonischen Verhältnis zum Gesamtrahmen stehen. Ideal ist ein Rücken, der hinter dem Widerrist in der Sattellage eine leichte Senkung zeigt. Der Rücken ist die Brücke zwischen Vorhand und Hinterhand. Ein solcher Rücken schwingt in der Bewegung auf und ab und ist trag- und damit belastungsfähig. Er gestattet dem Reiter einen geschmeidigen, ruhigen und damit auch sicheren Sitz. Nicht umsonst heißt es so schön: Der Rücken ist das Bewegungszentrum des Pferdes. Ist dies nicht vorhanden bzw. gestört, ist das Pferd für unseren behinderten Reiter leider nicht zu verwenden. Pferde mit einem ausgeprägten Senkrücken kommen ebenfalls nicht in Frage. Sie drücken leicht den Rücken weg und haben oftmals Schwierigkeiten beim Beizäumen. Ein größerer Verschleiß ist dadurch vorprogrammiert. Wichtig ist auch der Übergang zur Hinterhand: Zum Abschluß der Sattellage, genau zwischen der letzten Rippe und der Hüfte des Pferdes, sollte das Pferd genügend geschlossen sein, d.h. etwa eine Handbreit Platz bieten. Ist es dort zu eng, wird es meist einen zu strammen Rücken haben, ist es dort zu lang, ist das Pferd unter Umständen zu schwerfuttrig und oft auch krankheitsanfällig.

Die **Hinterhand** wünschen wir uns nicht zu gerade, sondern mit leicht abfallender Kruppe. Die Kruppe selbst sollte gut bemuskelt sein. Von Nachteil ist eine hohe Kruppe, bei der das Pferd hinten höher wirkt als vorn. Diese Kruppe bewirkt Schwierigkeiten in der Versammlung des Pferdes und erweckt den Eindruck, daß das Pferd auf der Vorhand geht. Der Schweif des Pferdes sollte gut getragen sein. Ein eingeklemmter Schweif ist oft ein Zeichen für Ängstlichkeit und mangelnde Losgelassenheit des Pferdes. Analog zu den Vorderbeinen soll das Sprunggelenk stabil sein und tief genug sitzen. Wir wünschen es uns breit, ausdrucksvoll und trocken. Die Winkelung sollte nicht zu stark sein, aber auch nicht zu gestreckt. Für die Fesseln der Hinterhand gilt das Gleiche wie für die Fesseln der Vorhand. Sie sollten mittellang sein und in Stärke und Winkelung zu den Vorder- bzw. Hinterbeinen passen. Kurze, steile Fesseln sind unerwünscht und bedingen einen harten stoßenden Gang und führen oft zum frühen Verbrauch des Pferdes. Zu lange Fesseln beanspruchen die Sehnen in erhöhtem Maße. Für das Therapiepferd sind neben dem guten Rücken, der weich schwingen sollte, die Eigenschaften der Bewegung entscheidend wichtig. Bei einem stabilen, gesunden Fundament sollten die Beine möglichst genau unter dem Körper stehen, weder bodenweit noch bodeneng, noch kuhhessig (zu eng) oder faßbeinig (zu weit) sein. Eine zehenenge oder zehenweite Stellung ist ebenfalls nicht erwünscht. Nur eine korrekte Beinstellung ermöglicht gute Gänge mit einer sich ergebenden langen Einsetzbarkeit des Pferdes. Ein Zuviel an Drehung oder Abweichung im Bewegungsablauf nach außen oder innen bedeutet immer Verschleiß, Streichverletzungen, einen gestörten Bewegungsablauf. Ideal ist, wenn das Pferd seine Beine gerade anhebt und gerade nach vorne setzt.

Gangarten und Bewegungsabläufe

Die wichtigste Gangart für unser Therapiepferd ist der Schritt. In der Hippotherapie wird fast ausschließlich im Schritt gearbeitet. Das Pferd muß eine natürliche Gehfreude haben, denn die Schrittbewegung soll ja ohne dauernde Peitschenhilfe auf unseren Patienten einwirken. Der Schritt soll taktmäßig, raumgreifend und fleißig sein bei schreitender Bewegung.

Die Gangarten Trab und Galopp werden im Behindertenreitsport sowie im Heilpädagogischen Reiten und Voltigieren benötigt. Es ist wichtig, daß diese Gangarten nicht furchterregend wirken, das Pferd soll in sich ausbalanciert sein. Trab und Galopp sollen weich und gut zu sitzen sein und den Behinderten in der Bewegung gut mitnehmen. Das Pferd soll eine leichte Bergauftendenz haben und auch im Galopp nicht auf der Vorhand galoppieren. Die Übergänge in den einzelnen Gangarten sollen harmonisch sein und dem Reiter ein angeneh- mes Gefühl vermitteln. Das Therapiepferd muß auch in der Lage sein, falsche Gewichtsverlage- rungen ausbalancieren zu können und darf selbst dabei nicht aus dem Rhythmus kommen. Auf Pferde mit großen spektakulären Bewegungen muß verzichtet werden; für den Therapie- bereich sind sie leider nicht geeignet. Die eine oder andere Ausnahme mag es im Behinderten- reitsport geben, bei dem das Privatpferd eines behinderten Reiters Verwendung finden kann. Es ist notwendig, das Pferd genau zu betrachten, denn es kann entscheidende Konsequenzen für die Bewegungsfähigkeit, die Gesunderhaltung und die Einsatzmöglichkeit des Pferdes im Rahmen der Therapie haben. Oft herrscht die Meinung, hierbei könne man Abstriche ma- chen, denn es ist ja ein Pferd „nur für die Therapie". Aber gerade für die Auswahl des Therapiepferdes sollten keine Abstriche gemacht werden. Wir wollen unser Pferd ja bestmög- lich, evtl. sogar vielseitig in der Therapiearbeit einsetzen, verwenden viel Zeit und Mühe mit der Ausbildung und stellen dann nach wenigen Jahren fest, daß unser Pferd, bedingt durch körperliche Mängel nicht mehr oder nur bedingt einsetzbar ist. Einen entsprechenen Ersatz zu finden ist dann nicht immer einfach und braucht auch wieder Zeit zur Ausbildung und ... Auch wenn ich eingangs erwähnt habe, daß es „das Therapiepferd" nicht gibt, stelle ich dennoch einige Pferderassen, die sehr häufig bzw. vermehrt im Therapiebereich eingesetzt werden, näher vor.

Verschiedene Pferderassen

Der Isländer

Islandponys kommen, wie der Name schon sagt, ursprünglich von der Insel Island. Es sind temperamentvolle, anspruchslose und harte Ponys im Stockmaßbereich von ca. 1,25 m bis 1,40 m Größe. Sie kommen in allen Farben vor. Trotz der geringen Größe sind sie ohne Probleme in der Lage, auch schwere Erwachsene zu tragen. Das Islandpony ist ein Robust- pferd, daß sich auch in entsprechender Haltung am wohlsten fühlt. Obwohl es auch bei den Isländern die herkömmlichen „Dreigänger" gibt, sind es doch in der Regel „Fünfgänger". Zusätzlich zu den Gangarten Schritt, Trab, Galopp haben sie noch den Tölt sowie den Paß. Letztere Bewegungen müssen in der Regel jedoch erst speziell trainiert und ausgebildet werden. Für den Reiter ergeben sich daraus ganz andere Sitzgefühle. Im Trab ist es oftmals nicht das Auf und Ab der Trabbewegung, sondern eine angenehme, rotierende Bewegung im Beckenbereich. Da sie in der Regel auch keine tonnigen Pferde sind, werden sie gerade im Hippotherapiebereich beim Einsatz für spastische Behinderte immer beliebter.

Das Fjordpferd oder Norweger

Das Fjordpferd gehört zu den ältesten Pferderassen Europas. Ursprünglich wurde es in Norwegen im Typ eines nicht allzu schweren Gebirgsponys gezüchtet. So ist es für den Ein-

*Fjordpferdwallach
Jokker, sechs Jahre.*

satz in der bäuerlichen Kleinbetriebswirtschaft bzw. als Tragtier besonders geeignet. Mittlerweile wandelte sich das Fjordpferd jedoch vom Arbeitskleinpferd zum Freizeitpony. Als ideales Allroundpferd ist es von Jung und Alt gleichermaßen geschätzt und beliebt. Es ist ein robustes, mit natürlichen Instinkten ausgestattetes Pony, trittsicher, leistungsbereit und ausdauernd. Kennzeichnend ist die Falbfarbe mit der stehenden Mähne, dem Aalstrich, ein stabiles Fundament, ein starker Hals und der typische Ponykopf. Die Größe variiert von ca. 1,34 m bis zu 1,48 m Stockmaß. Zu beachten ist, daß es sich hierbei um eine spätreife Pferderasse handelt, die erst mit vier bis fünf Jahren voll ausgewachsen ist. Fjordpferde findet man mittlerweile in allen pferdesportlichen Disziplinen, sei es in Dressur, Springen, Voltigieren und Fahrsport, bei Wanderritten, im Westernbereich, aber auch immer mehr im Therapeutischen Reiten.

Deutsches Reitpferd

Es ist der Oberbegriff für 14 regionale Zuchtgebiete mit jeweils alter Tradition und ihren jeweiligen Brandzeichen. Das Zuchtziel des deutschen Reitpferdes ist ein Pferd, daß aufgrund seines Temperamentes, seines Charakters und seiner Rittigkeit für Reitzwecke jeder

Art geeignet sein soll. Für welches Pferd der Deutschen Warmblutzucht man sich entscheidet, bleibt jedem selbst überlassen. Für die Therapie muß es nur geeignet sein. Für Kinder ist es (außer im Voltigierbereich) in der Regel jedoch zu groß.

Das Quarterhorse

Es ist als das Cowboypferd bekannt. Die Widerristhöhe beträgt zwischen 1,45 bis 1,55 m. Angestrebt wird in der Quarterhorse-Zucht ein kurzer, gerader Kopf mit starken Ganaschen, eine gut gelagerte Schulter, ein ausgeprägter Widerrist, kurzer Rücken und eine abfallende, stark bemuskelte Kruppe. Im Trab wünscht man sich das Quarterhorse besonders weich zu sitzen und verzichtet dafür auf einen großen Raumgriff. Auch wenn das Zuchtziel definiert ist, so finden sich innerhalb der Rasse im Typ doch große Variationen, hervorgerufen durch die unterschiedlichsten Verwendungsmöglichkeiten. Quarterhorse sind widerstandsfähig, handlich im Umgang, besitzen ein ruhiges Wesen und einen zuverlässigen Charakter.

Der Haflinger

Ursprünglich stammt die Rasse Haflinger aus dem bei Meran in Südtirol gelegenen Bergdorf Hafling. Zur Entstehung dieser Rasse trugen die Noriker und die Araber wesentlich

Die neunjährige Quarterhorsestute Amber gewann die Silbermedaille bei den Paralympics.

Haflingerhengst Akunjo, acht Jahre

bei. Rassetypisch ist die Fuchsfarbe mit weißem Langhaar, ein edler Kopf, ein trockenes Fundament. Eigentlich war der Haflinger als Gebirgspferd zum Tragen von schweren Lasten in unwegsamen Gelände eingesetzt bzw. auch zu Ackerarbeiten auf steinigen Feldern verwendet worden. Heute ist der Haflinger auf der ganzen Welt verbreitet und wird ebenfalls wie der Norweger in allen Bereichen des Pferdesports eingesetzt. Seine Körpergröße von ebenfalls ca. 1,34 bis 1,48 Stockmaß machen ihn in der Therapiearbeit für Kinder, Jugendliche und Erwachsene gleichermaßen einsetzbar. Wie der Norweger ist auch der Haflinger robust zu halten und in der Fütterung genügsam.

Der Freiberger

Eine sehr bodenständige Rasse, die in der Schweiz gezüchtet wird. Die Durchschnitts-
größe des Freibergers liegt bei etwa 1,50 m Stockmaß. Er ist genügsam, hart und ebenfalls
sehr trittsicher. Im Schweizer Militär ist er genauso im Einsatz wie bei der Arbeit der Bauern
in den Bergen. Seit einiger Zeit hat man diese Rasse auch für die Therapiearbeit entdeckt.
Mittlerweile wird der Freiberger jedoch in allen Sparten des Pferdesports eingesetzt.

Schwarzwälder Fuchs

Unter der Bezeichnung „Kaltblut" faßt man alle Pferde einer Rassegruppe mit hohem
Körpergewicht zusammen, die für den schweren Zug gezüchtet wurden. Auch die Rasse des
Schwarzwälder Fuchses gehört dazu. Es ist ein leichtes, trockenes Kaltblutpferd, das an ge-
birgiges Gelände und eine bäuerliche Betriebsstruktur angepaßt war. Heute wird es nicht nur
als Fahr-, sondern auch als Reit- und Freizeitpferd eingesetzt. Als Gewichtsträger findet diese
Rasse auch im Hippotherapie-Bereich für schwergewichtige Patienten Einsatzmöglichkeiten.
Als Voltigierpferd im integrativen Voltigieren eingesetzt, – wobei es natürlich kein Galoppier-
pferd ist – bereitet es ebenfalls Freude.

Andere Rassen

Auch sie können natürlich als Therapiepferd in Frage kommen. Unser Therapiepferd
braucht kein besonderes Brandzeichen, keine glorreichen Abstammungspapiere, es soll
einzig und alleine für uns und die Therapiearbeit „verwendbar" sein. Die vorher genannten
Rassen stehen stellvertretend für viele andere und dienen lediglich zur Information für den
Therapie-unroutinierten Leser. Bedenken Sie jedoch genau, bevor Sie Ihr Pferd kaufen, für
welchen Zweck Sie ein Pferd suchen, welche Haltungsform Sie anstreben oder zur Verfügung
haben, welche finanziellen Möglichkeiten Sie ausschöpfen können und wählen dann entsprechend aus. Nichts ist ärgerlicher als nach einiger Zeit feststellen zu müssen, daß man leider
„am Bedarf", bzw. „an seinen Möglichkeiten" vorbeigekauft hat.

Verhalten des Pferdes

Neben den körperlichen Eigenschaften des Therapiepferdes, dem Exterieur, ist ganz
besonders auf das Interieur des auszuwählenden Pferdes zu achten. Denn was nützt uns
ein optisch wunderbares Pferd oder Pony, mit vielleicht sehr guter Ausbildung unter dem
Reiter, wenn es leider im Interieur grobe Mängel aufweist.

Menschenfreundlichkeit

Ein großes Maß an Menschenfreundlichkeit sollte unser Therapiepferd auszeichnen.
Es muß den Menschen als ranghöheres Herdenwesen anerkennen, von dem es beschützt
wird, dem es in jeder Lage vertrauen kann. Das Pferd soll aus guter Hand kommen und keine
bösen Erfahrungen gemacht haben. Pferde haben ein sehr gutes Gedächtnis. Menschliche

Die 12jährige Stute Spring gewann die Goldmedaille bei den Paralympics.

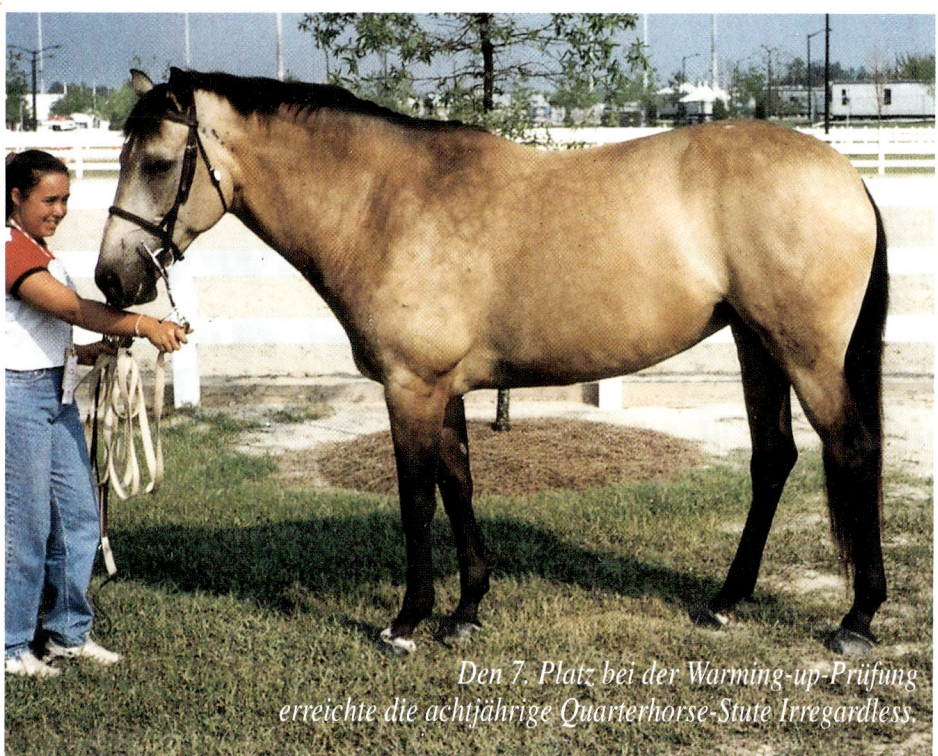

Den 7. Platz bei der Warming-up-Prüfung erreichte die achtjährige Quarterhorse-Stute Irregardless.

Fehler bei der Aufzucht, bei der Haltung bzw. Ausbildung werden nicht vergessen und oft nur selten verziehen. Bei der ersten Beobachtung eines Pferdes kann man oft sehr schnell erkennen, wie das Pferd auf einen Menschen reagiert. Kommt das Pferd auf sie zu, wenn sie die Boxtüre aufmachen oder dreht es sich von ihnen weg? Spitzt es die Ohren, oder legt es sie an? Zeigt es sich interessiert oder eher unwillig, wenn wir es ansprechen? Wie verhält es sich, wenn wir mit dem Putzzeug, Halfter, Sattel oder Zaumzeug kommen? Wie läßt es sich führen, oder werden wir geführt? Achtet es auf uns, oder rennt es uns fast um den Haufen? Gibt es seine Hufe nur widerwillig oder wie selbstverständlich? All dies sind Grundlagen, die sicherlich zu einem Teil mit der entsprechenden Ausbildung, der Haltung oder auch mit dem Umgang mit dem Pferd zu tun haben, die aber doch sehr gut erkennen lassen, wie sich das Tier dem Menschen gegenüber verhält. Nicht zu vergessen ist auch der alte Grundsatz „Das Auge des Pferdes ist der Spiegel der Seele", der auch in unserer Zeit nichts von seiner Bedeutung verloren hat. Ein großes, dunkles, ruhig blickendes Auge spricht für ein gutes gleichmütiges Wesen. Pferde mit sehr viel Weiß in den Augen sind oftmals schwierig im Umgang, wirken oft etwas beängstigend auf den Betrachter. Vor allem sollte das Pferd keine unkontrollierten Bewegungen wie Scheuen, Schlagen mit dem Kopfe, Herumtänzeln oder Verhaltensweisen zeigen, die für den Menschen, vor allem für unsere Behinderten gefährlich werden könnten.

Sozialverhalten

Ideal ist es, wenn unser Therapiepferd vollkommen natürlich in einer Herde aufgewachsen ist. Sein Sozialverhalten wird normal ausgebildet sein – eine elementare Grundlage für das Arbeiten im Therapiebereich. Fohlen lernen durch ihren sehr starken Nachahmungstrieb schon in den ersten Lebenstagen. Sie haben eine erhöhte Aufmerksamkeit gegenüber allen sozialen Signalen – auch den entsprechenden Erziehungsmaßnahmen – und natürlich auch ein sehr gutes Merkvermögen. Diese Eigenschaften machen es uns ja auch überhaupt möglich, unser Pferd entsprechend auszubilden. Das Pferd lernt innerhalb seiner Herde schon von klein auf, sich an gewisse Regeln zu halten, einen Platz innerhalb der Rangordnung einzunehmen, sich unterzuordnen, lernt sogenannte „gute Manieren" und entwickelt daraus auch das entsprechende gesunde Selbstgefühl. Es fühlt sich wohl in seiner sicheren „Stellung", die es innerhalb seiner Familie, gleichbedeutend mit dem Herdenverband, einnimmt. Pferde, die alleine aufgezogen worden sind, dies alles nicht gelernt haben, verhalten sich gegenüber anderen Pferden oftmals launisch, unwillig und zum Teil sogar bösartig. Die Psyche unseres Pferdes ist gestört, ein normales Sozialverhalten ist leider nicht möglich und im nachhinein auch nicht oder fast nicht lernbar. Bietet der Mensch einen gewissen „Herdenersatz" an, kann das Arbeiten mit dem Pferd einen gewissen seelischen Ausgleich und damit Herdenkontakt bringen, die korrekte Aufzucht jedoch nicht ersetzen. Wie oft erlebt man Pferde, die nicht mit anderen gemeinsam auf eine Koppel oder Paddock gestellt werden können, weil sie sofort andere angreifen bzw. falsche Signale in ihrer Körpersprache geben, die von den anderen Pferden mißverstanden werden und dann zu Problemen führen. Genauso unangenehm ist es, auf einem Pferd zu sitzen, das bei einem sich nähernden Pferd sofort stehenbleibt, nach diesem ausschlägt oder zu klemmen anfängt, Drohgebärden andeutet oder sich blitzartig umdreht – kurzum ein Verhalten zeigt, daß alles andere als erfreulich ist. In einer Reitgruppe mit behinderten Reitern werden wir dieses Pferd sicherlich nicht einsetzen können.

Das Pferd – ein Lauftier

Der Bewegungsdrang unseres Pferdes ist vollkommen natürlich, ist es doch als Lauftier auf die Welt gekommen. Dabei wünschen wir uns aber weder eine „Weinbergschnecke" noch einen „Rennsemmel". Ein Pferd, daß man „vorne ziehen, hinten schieben" muß, ist für unseren Therapieeinsatz genauso wenig nützlich wie ein Pferd, das in seinem Tempo schier fast nicht zu bremsen ist. Ein Pferd muß fleißig vorwärtsgehen, aber jederzeit im Tempo regulierbar sein. Das heißt, regulierbar nicht nur für seinen Ausbilder, sondern auch für den Behinderten, der es selbst führen und reiten möchte.

Scheufreiheit und Nerv

Pferde, die vor allem Neuen und Unbekannten erst einmal einen Satz zur Seite machen, vielleicht auch noch auf der Hinterhand kehrt machen, um im nächsten Moment davonzurasen, sind sicherlich nicht gerade angenehme Freizeitpartner. Für die Therapiearbeit sind sie jedoch nahezu gefährlich. Das sogenannte Scheuen eines Pferdes ist immer ein Ausdruck und eine Folge von Angst. Sie ist eine vollkommen natürliche Eigenschaft des Pferdes als Lauf- und Fluchttier. Denn in der Wildbahn war dieses Verhalten entscheidend für sein Überleben. Auch unsere gezüchteten Pferde haben dies immer noch in sich. Wobei wir unterscheiden müssen zwischen Dingen, die als furchterregende Umweltreize unser Pferd erschrecken und die Ansteckung durch andere, von der Angst erfaßte Lebewesen. Für unseren Einsatz in der Therapie brauchen wir Pferde, die über einen gewissen Mut verfügen. Die Pferde sollen neugierig sein, müssen auf Unbekanntes zugehen, es beschnuppern, belecken, beknabbern wollen.

Erziehung und Gehorsam

Eine gewisse Grundlagenerziehung hat unser Pferd bei korrekter Aufzucht schon in seiner Herde erhalten. Ist die Mutterstute oder das Leittier dem Menschen gegenüber respektvoll und gehorsam, so wird auch das Fohlen in seinem Nachahmungstrieb dies tun. Wichtig ist, im Umgang mit dem Pferd eine gewisse Linie, einen „roten Faden" zu haben. Wenn ich beim Aufsitzen zulasse, daß mein Pferd sofort loslaufen darf, brauche ich mich nicht zu wundern, wenn es dies bei einer anderen Person genauso macht. Lasse ich es zu, daß es beim Führen auf die Koppel am Eingang sofort losrast und davonstürmt, werde ich eines Tages vielleicht sogar noch am Strick mitgezogen werden. Auch in der kleinen Herde, bestehend aus Mensch und Pferd muß es eine Rangordnung geben. Der Ranghöhere muß natürlich der Mensch sein. Dies bedeutet jedoch nicht, daß das Pferd sich angstvoll unterordnet – ganz im Gegenteil, es soll auf der Basis des Vertrauens geschehen. Nur wenn das Pferd spürt, daß der Mensch sich seiner Sache sicher ist, es bei Gefahr auch beschützen und ihm nichts Leidvolles antun wird, dann wird das Pferd sich vertrauensvoll unterordnen und bereit sein, sein Bestes zu geben. Pferde, die jedoch starke Alphatiere sind, jederzeit die Rangordnung aufs Neue austesten wollen, können im Therapiebereich nicht verwendet werden. In einem gewissen Rahmen muß man sich auf sein Pferd, seinen Gehorsam, seine Erziehung verlassen können. Ständige Reibereien sind im täglichen Arbeiten nicht tauglich und nerven nur unnötig, von der Gefährdung einmal abgesehen.

Leistungsbereitschaft und Lernverhalten

Gleichzusetzen sind die Leistungsbereitschaft sowie das Lernverhalten eines Pferdes sicherlich mit einem gewissen Maße an Intelligenz. Pferde, die über ein großes Phlegma verfügen, sind oftmals etwas dümmlich, langsam im Lernprozeß, brauchen häufiges Wiederholen, bis es fest im Kopf fixiert ist. Ist es jedoch endlich verstanden, akzeptiert und abgespeichert, ist es in der Regel jederzeit abrufbar. Nicht vergessen werden darf, daß ein Pferd Positives wie auch Negatives in seinem Gehirn speichert. Das Lernverhalten bezieht sich nicht nur auf Geschehnisse, die sich erfreulich für das Pferd ausgewirkt haben, sondern auch auch all jenes, das unangenehm für das Tier war. Es gibt Pferde, die begierig sind, Neues zu lernen. Je abwechslungsreicher, umso interessanter ist es für sie. Neues saugen sie regelrecht in sich auf, wachsen an den gesteigerten Anforderungen. Umgekehrt gibt es jedoch auch viele Pferde, die sehr skeptisch sind, wenn Veränderungen auf sie zukommen, neue Lernschritte verlangt werden, die erst einmal alles von sich strecken, und lieber zwei Schritte zurück als einen vorwärts gehen. Der Ausbilder ist hierbei gefordert, den „Lerntyp" zu erkennen und entsprechend die Ausbildung und den Einsatz des Pferdes darauf abzustimmen. Interessant ist es, den Kopf des Pferdes und seine Ausstrahlung zu betrachten. Pferde, die etwas gelernt und eine gewisse Ausbildung genossen haben, wirken wesentlich selbstbewußter, sind plötzlich „wer" und entwickeln manchmal eine Art von Arroganz.

Das Pferd – ein Gewohnheitstier

Von Natur aus ist ein Pferd allem Ungewohnten gegenüber erst einmal furchtsam und auch skeptisch. Andererseits kann es aber auch mit einer nahezu himmlischen Geduld ausgestattet sein. Was Pferde aber gar nicht mögen, sind ständige Veränderungen in ihrem Tagesablauf. Man braucht nur einmal zu beobachten, was passiert, wenn das Futter nicht genau zum richtigen Zeitpunkt in der Futterkrippe liegt. Welch ein Wiehern, Klopfen oder Stampfen. Wie verdutzt bis unmöglich kann ein Pferd reagieren, wenn ein Reiter, statt wie gewohnt links, plötzlich auf der rechten Seite aufsteigen will. Ein Therapiepferd, das gewohnt ist, daß seine Behinderten immer vom Boden aus aufsitzen, kann auf eine Therapietreppe, Rampe oder ähnliches mit Angst reagieren. Ist ein Pferd nicht daran gewöhnt, daß im 20-Minuten-Takt in der Hippotherapie seine behinderten Reiter wechseln, wird es anfangs mit Unsicherheiten reagieren. Hat es jedoch sein „gewohntes Team" dabei, dem es vertraut, auf das es sich verlassen kann, wird es zufrieden mitarbeiten.

Möglichkeiten, ein passendes Therapiepferd zu finden

Bei der Auswahl eines passenden Therapiepferdes oder -ponys müssen wir nun unterscheiden, ob das Pferd kurzfristig einsetzbar sein soll oder ob es als „Therapie-Nachwuchspferd" erst in ferner Zukunft – nach erfolgter Grund- und Therapieausbildung – einzusetzen ist. Letzteres kann z.B. dann der Fall sein, wenn „alte" Therapiepferde vorhanden sind, diese langfristig gesehen durch entsprechende Nachwuchspferde ersetzt oder auch ergänzt werden sollen. Die Ausbildung des jungen Pferdes kann während der Therapiearbeit parallel erfolgen. Der Vorteil hierbei ist sicherlich, daß der Therapeut sein Therapiepferd von Anfang an zielgerichtet ausbilden und trainieren kann, setzt jedoch auch das entsprechende fachliche Wissen, Vorhandensein der Trainingsmöglichkeiten und genügend Zeit voraus.

Ein „kurzfristig" einsetzbares Pferd sollte mindestens fünf bis sechs Jahre alt und auf jeden Fall unter dem Sattel im Bereich der Klasse E/A ausgebildet sein. Dann ist die Grundausbildung abgeschlossen, das Pferd mit der entsprechenden Muskulatur ausgestattet, ausbalanciert und schon ziemlich erfahren. Die Therapie-Zusatzausbildung wird dann je nach Pferd und der Aufgabe, die es wahrnehmen soll, noch einen längeren Zeitraum in Anspruch nehmen. Dabei sollte die Aufgabenstellung klar definiert sein. Soll das Pferd in der Hippotherapie, im heilpädagogischen Bereich (Reiten/Voltigieren), als Reitpferd für sportlich ambitionierte Behinderte oder vielleicht sogar vielseitig eingesetzt werden? Erst wenn dies für Sie klar umrissen ist, können Sie sich auf den Weg machen, um ein passendes Pferd zu suchen.

Kauf eines Pferdes oder Ponys

Eine der Möglichkeiten auf der Suche nach einem Therapiepferd ist sicherlich, ein entsprechendes Pferd zu kaufen. Vielleicht möchten Sie sich selbständig machen, nachdem Sie bisher immer mit zur Verfügung gestellten Pferden gearbeitet haben, endlich ein eigenes besitzen, oder, oder...

Wo finden Sie nun Ihr Therapiepferd? Eine Möglichkeit bietet der Züchter. Sein großer Vorteil ist, daß Sie bei ihm sowohl die Eltern als auch die Umgebung, in der das Pferd aufgewachsen ist, kennenlernen können. Er kann Ihnen auch am besten sagen, wie das Pferd sich schon von klein auf verhalten hat, welche Charakterzüge und welche Verhaltensweisen es hat. Er wird Sie über die Rasse informieren und versuchen, ein passendes Pferd für Sie auszusuchen. Er wird Ihnen auch später weiterhelfen. Ein guter Züchter hängt an seinen Pferden und wird bemüht sein, sie in die richtigen Hände zu verkaufen. Informationen über den jeweiligen Züchter erhalten Sie wiederum vom jeweiligen Zuchtverband. Dieser gibt auch die Adressen der Züchter weiter und kann Sie ebenfalls beraten. In der Regel verkaufen Züchter jedoch nur Nachwuchspferde, es sei denn, er möchte eine ältere Zuchtstute abgeben oder seinen Betrieb verkleinern. In der Regel sind diese Pferde relativ roh oder zumindest angeritten. Vielleicht ist das eine oder andere auch auf Leistungsprüfungen vorgestellt worden oder bei Zuchtschauen dabei gewesen. Wenn Sie hier ein Pferd aussuchen, werden Sie in der Regel dieses Pferd noch selbst grundausbilden müssen. Im Klartext heißt das für Sie, daß Sie das Pferd in der Therapie erst langfristig gesehen einsetzen können.

Durch Inserate oder aus Privathand

Wenn Sie die Pferdezeitschriften aufschlagen, finden Sie viele Verkaufsanzeigen. Die Sprache der Verkaufsanzeigen ist oft sehr blumig und meistens auch nichtssagend. Schwierig ist es, auch mit Aussagen wie „aus Krankheitsgründen zu verkaufen", „wegen Studium abzugeben", „Auslandsaufenthalt". Es ist erstaunlich, wieviel kranke Menschen, Studenten oder ins Ausland Abwandernde es in Deutschland gibt, die noch dazu Pferde verkaufen. Gehen Sie nicht unbedingt davon aus, daß eine Privatperson immer so ganz ehrlich ist. Oftmals ist diese froh, das jeweilige Pferd zu verkaufen, ob Sie damit nun zufrieden sind oder nicht. Hauptsache, es steht nicht mehr in ihrem Stall. Vertrauen Sie hierbei nicht blindlings, sondern bleiben Sie aufmerksam. Schon beim ersten Telefonat sollten Sie versuchen, mehr über das Pferd herauszufinden, als das Inserat Ihnen mitteilt. Lassen Sie sich das Pferd ausführlich beschreiben, haken Sie noch einmal genau nach dem Verkaufsgrund nach, fragen Sie nach der Preisvorstellung, und wenn es für sie in Frage kommen sollte, vereinbaren Sie einen Besichtigungstermin.

Durch den Reitausbilder, über den Schmied oder Tierarzt

Wenn Sie einen guten Kontakt zu oben genannten Personen haben, dann fragen Sie ruhig bei diesen mal nach. Alle diese Personen sind ständig in Ställen unterwegs, haben Kontakt zu Pferdeleuten und hören immer mal das eine oder andere. Vielleicht nimmt eine Stute nicht mehr auf, der Züchter möchte sie an einen passenden Platz abgeben, ein Pferd ist für den größeren Sport nicht mehr geeignet, als Lehrpferd aber ideal, oder, oder... So mancher hat dadurch sein „Traumpferd" gefunden. Warum also nicht auch ein Pferd passend für die Reittherapie?!

Beim Pferdehändler

Der Name hat sicherlich einen unguten Beigeschmack, kursieren doch in der Reiterwelt die wildesten Gerüchte über die Pferdedealer. Hier muß man jedoch auch differenzieren. Natürlich gibt es immer noch den Roßtäuscher, dem es nur um die schnelle Mark geht, von dem man am besten die Finger lassen sollte. Seien Sie hierbei ganz vorsichtig mit sogenannten „Billigangeboten" und dem damit oft verbundenen Umtauschrecht. Meist verbergen sich dahinter sehr unseriöse Angebote. Damit versucht so mancher Händler, den Kunden an sich zu binden, verkauft ein schlechtes Pferd, um es dann später für ein wesentlich Teureres in Zahlung zu nehmen. Es gibt aber auch Pferdehändler, die einen guten Namen haben, sich ehrlich bemühen, ihre Kunden versuchen zufriedenzustellen, und die ganz hervorragende Pferdekenner und Pferdeleute sind. Seien Sie kritisch, schauen Sie sich die

Umgebung bei dem jeweiligen Händler gut an. Haben Sie den Eindruck, die Pferde sind gepflegt? Kümmert man sich liebevoll und geduldig um sie? Werden Sie als Kunde bedrängt oder läßt man Ihnen Zeit zur Auswahl? Ein guter Händler kann Ihnen nach wenigen Minuten der Betrachtung mehr über ein Pferd sagen als so mancher nach über einer Woche. Der Nachteil ist jedoch, daß gute Händler Pferde oft nur einen kurzen Zeitraum haben, ihnen wenig über die früheren Besitzer und gemachten Erfahrungen erzählen kann und der Kauf für Sie zu einem Glücksspiel für die Auswahl ihres Therapiepferdes werden kann.

Kauf auf einer Auktion oder Verkaufsschau

Erfolgreiche Sportpferde sind häufig über Auktionen gegangen. Therapiepferde bisher noch wenige. Hier sind die Zuchtverbände mit entsprechenden Qualitätspferden vorhanden. Entsprechend ist dann auch die Preislage. Sonderangebote finden Sie in der Regel nicht. Wenn Sie, aus welchen Gründen auch immer, gerne auf einer Auktion/Verkaufsschau kaufen möchten, dann nützen Sie unbedingt die Möglichkeit, das Pferd vorher genau anzusehen, mit dem Trainingsleiter und dem Bereiter zu sprechen, das Pferd in Ruhe probezureiten, eventuell auch mit dem Züchter oder Vorbesitzer zu sprechen. In der Regel sind es aber auch hier Nachwuchspferde oder junge Pferde, die vermarktet werden, so daß Sie diese Pferde auch nicht kurzfristig einsetzen können.

Der Pferdemarkt

Eine ganz traditionelle Geschichte sind die Pferdemärkte, die in Deutschland vereinzelt noch veranstaltet werden. In der Regel werden dort günstigere Pferde angeboten. Manchmal kann man dort auch ganz brauchbare Pferde oder Ponys einkaufen. Meistens jedoch sind keine Papiere vorhanden, die Tiere oftmals ungepflegt oder sogar in einem erbärmlichen Zustand. Ein Großteil der nichtverkauften Tiere landet beim Metzger, und nicht allzuoft sind sie wenige Stunden später in einem Schlachtviehtransporter auf dem Wege ins Ausland. Dort ein passendes Therapiepferd zu finden ist sicherlich fast wie ein Sechser im Lotto... Und seien Sie einmal ehrlich, würden Sie ein gutes Pferd oder Pony, für das Sie einen guten Platz haben möchten, in einer Markthalle oder Straße für ein paar Mark an eine wildfremde Person verkaufen?!

Leihmöglichkeit

Unter Umständen haben Sie nicht die Möglichkeit, ein eigenes Pferd in der Therapie einzusetzen, sei es aus finanziellen, zeitlichen oder örtlichen Gründen. Therapiearbeit möchten Sie aber doch gerne leisten, woher nun also ein passendes Pferd finden?

Schul- bzw. Vereinspferd

Fragen Sie bei Ihrem Reitverein nach der Auslastung der Schulpferde. Erkundigen Sie sich nach freien Hallenzeiten. Beobachten Sie die Schulpferde auf eine mögliche Therapieeignung hin und besprechen Sie dies auch ruhig mit dem jeweiligen Reitausbilder. Vielleicht ist man an der Therapiearbeit sehr interessiert, sieht eine zusätzliche Auslastung der Pferde, vielleicht gibt es auch sogenannte „tote" Zeiten, die für Ihre Therapiearbeit ganz gut geeignet wären. Fragen sie dann unbedingt auch nach, wann Sie mit dem jeweils ausgewählten Pferd (oder sogar Pferden?) für den Therapieeinsatz üben könnten. Wenn Sie allerdings den Eindruck haben, daß die Tiere mit dem eigentlichen Schulbetrieb schon heillos überlastet sind, dann verzichten Sie auf den Therapie-Einsatz. Das wäre sicherlich falscher Ehrgeiz und Egoismus, der auf Kosten der Pferde geht. Das Schulpferd sollte in der Therapie auch aufmerksam mitarbeiten, gute Bewegung zeigen und nicht stumpfsinnig seine Kreise drehen. Achten Sie auch darauf, daß alles, was Sie mündlich mit dem jeweiligen Vorstand vereinbaren, schriftlich zu fixieren und sprechen Sie auch unbedingt das Thema der zusätzlichen Versicherung als Therapiepferd an. Wichtig ist für Sie auch die langfristige „Nutzungsmöglichkeit" des Schulpferdes, denn sonst machen Sie sich unnötig Arbeit und bauen sich etwas auf, was über Nacht, vielleicht aus einer Laune heraus, plötzlich beendet ist.

Natürlich ist nicht jedes Schulpferd für den Einsatz als Therapiepferd geeignet, vielleicht gibt es aber auch keinen Schulbetrieb in Ihrem Stall, oder die Auslastung der Schulpferde ist schon so hoch, daß Sie mit diesen Pferden leider nicht arbeiten können. Dann sollten Sie aber nicht gleich aufgeben, es gibt immer noch die Möglichkeit, mit Privatpferden zu arbeiten.

Einsatz von Privatpferden

Mit Pferden aus guter Privathand können Sie Ihre Therapiearbeit bereichern oder aber auch erst möglich machen. In der Regel kommen die Pferdebesitzer auf Sie zu, wenn Sie schon in dem Bereich auf der Anlage tätig sind. Wenn Sie qualitativ gut arbeiten, fachlich korrekt und vor allem zuverlässig mit den Ihnen zur Verfügung gestellten Pferden umgehen, spricht sich das auf einer Reitanlage sehr schnell herum. Freuen Sie sich über ein gemachtes Angebot, testen und probieren Sie das Pferd in Ruhe aus, besprechen Sie mit dem Besitzer ganz genau wann, wie oft, wie lange und vor allem unter welchen Vorstellungen und Bedingungen er sein Pferd zur Verfügung stellen möchte und beachten Sie auch wiederum die versicherungstechnische Seite der Angelegenheit. Wichtig ist auch zu wissen, wielange der Zeitraum der zur Verfügungstellung ist. Auch hier benötigen Sie das Pferd ja langfristig, z. B. mindestens ein Schuljahr lang. Sprechen Sie auch dieses Thema unbedingt an. Auch die finanzielle Seite muß vorab geklärt sein. Viele Pferdebesitzer wollen nichts dafür, aber Sie sollten zumindest einen faire Summe (stundenweise, monatlich, pauschal) anbieten. Bei einem Transport zu Lehrgängen, Schauvorführungen oder Turnieren sind natürlich sämtliche Kosten zu ersetzen. Hin und wieder auch ein Geschenk (zu Weihnachten, Geburtstag usw.) und das kleine Wörtchen „Dankeschön" sollten auch nicht fehlen. Wenn Sie nun aber bedauerlicherweise feststellen, daß das Ihnen angebotene Pferd nicht für den Therapieeinsatz geeignet ist, dann sprechen Sie bitte mit dem Besitzer offen darüber, er wird Ihnen dankbar sein. Oft wissen Pferdebesitzer ja nicht, was von ihrem Pferd in der Therapiearbeit erwartet wird, worauf es ankommt, wie ihr Pferd sich damit zurechtfindet. Andererseits habe ich selbst auch schon oft die Erfahrung gemacht, daß, wenn sich ein Privatpferd dafür eignet, der Besitzer ganz stolz und glücklich darüber ist, daß „sein" Pferd im Therapiebereich mit einge- setzt wird. Im Behindertenreitsport erlebe ich es immer wieder, wie begeistert Pferdebesitzer oft sind, wenn sie sehen, wie gut ein körperbehinderter Reiter mit ihrem Pferd zurecht- kommt, am Turnier in der Plazierung oder vielleicht sogar ganz oben mit dabei ist. Wichtig ist, immer mit dem Besitzer des Pferdes in Kontakt zu stehen, zu wissen, wann das Pferd wie bewegt wurde (nicht, daß das Pferd zwei Tage stand und Sie es am dritten Tag in der Hippo- therapie einsetzen wollen), ob es verletzt, geimpft oder eventuell sogar an ihrem Therapietag zu einem Turnier genannt ist. Schwierig ist es überhaupt mit Privatpferden, die auch im Sport eingesetzt sind, wenn Sie am Wochenende Ihre Therapiearbeit machen. Unter Umständen müssen Sie während der Turniersaison auf das Pferd verzichten können.

Norweger Schulpferd Woodstock bei der Therapiearbeit

Weitere Möglichkeiten

Schenkung

Immer wieder kommt es vor, daß bei mir das Telefon klingelt und man mir ein Pferd für die Therapie anbietet. Oftmals zum Kauf natürlich, hin und wieder aber auch geschenkt. Je nachdem – mit dem Wunsche eines Schutzvertrages oder auch ohne irgendwelche Bedingungen. Zwar gibt es den alten Spruch „Einem geschenkten Gaul schaut man nicht ins Maul", aber ein geschenktes oder zu einem Supersonderfreundschaftspreis gekauftes Pferd kostet nun mal auch jeden Tag sein Geld. Unter Umständen sogar noch ein bißchen mehr, denn ohne guten Grund werden Pferde schließlich in dieser Form nicht weitergegeben. Manchmal kann man da die wundersamsten Dinge erleben. Ich erinnere mich z. B. an eine kleine Ponystute, die kostenlos angeboten wurde. Die eigenen Kinder waren zu groß geworden, der Umstieg auf ein Kleinpferd fällig. Nun wollte man sie an einen „guten" Platz mit Auslauf kostenlos abgeben, gleich komplett mit Ausstattung. An Kinder sei es gewöhnt, ganz artig und lieb, gut ausgebildet und noch vieles mehr, versicherten die Besitzer mit blumigen Worten am Telefon. Damals glaubte ich noch, was ich mir heute mit Vorsicht anhöre. Tatsache war, daß das kleine Pony im wahrsten Sinn des Wortes, sobald sich Kinder nur näherten, vorne biß und hinten schlug. Leider war es – sicher aufgrund schlechter Erfahrung – absolut

Vom Gestüt Schacker zur Verfügung gestellt: Norwegerstute Tina unter Barbara Lang während der Bayerischen Meisterschaften 1998.

*Haflinger Narion von privat
zur Verfügung gestellt, hier
beim geführten Winterausritt.*

„kindersauer". Da es leider ganz gezielt schlug, es mit der Ausbildung auch nicht weit her war, blieb mir nichts übrig, als es nach wenigen Tagen wieder nach Hause zu schicken. Im nachhinein kann ich nicht mehr sagen, wer mehr verärgert war, die alten Besitzer, weil sie das Pony zurücknehmen mußten oder ich aufgrund der gemachten falschen Aussagen und dem damit verbundenen „Tohuwabohu". Kurz danach wurde mir telefonisch wieder ein Pferd angeboten. Ein Haflingerwallach sei es, fünf Jahre alt, seit zwei Jahren geritten, seit einem Jahr auch vor der Kutsche gehend. Sehr brav und lieb und ganz ganz sicher für die Reittherapie geeignet. Für den Schlachtpreis oder sogar geschenkt könne ich ihn haben. Aha, dachte ich und wo war nun der Haken? – Vorne beidseits leider Hufrolle, hinten hochgradigst Spat; das Tier ging auf allen vier Beinen lahm, die behandelnde Klinik lehnte jede Operation aufgrund Sinnlosigkeit ab. Ob ich ihn denn nicht doch in der Therapie einsetzen könne, da müsse er doch bestimmt nicht viel tun. Die Vorstellungen von einem Therapiepferd sind manchmal doch etwas seltsam. Wenige Wochen später mußte das Tier beim Besitzer leider eingeschläfert werden.

Vor einiger Zeit klingelte dann wieder das Telefon. Eine Dame bot eine Schimmelstute an, von hervorragender Abstammung, absolut gesund, vielseitig ausgebildet, hundertprozentig brav im Umgang, schon einmal unter einem behinderten Kind gegangen und mit Sicherheit genau das, was ich noch brauchen könnte. Sie könne das Pferd leider nicht mehr behalten, da sie ein jüngeres Pferd hätte, das ja auch finanziert werden müßte. Und wenn ich das Pferd nicht sofort und auf der Stelle nehmen würde, wäre sie leider gezwungen, es schlachten zu lassen. Vorsichtig fragte ich nach dem Alter des Pferdes. Die Stute wäre zwar schon 25 Jahre alt, meinte die Dame, aber so versicherte sie mir, laut Hufschmied würde die Stute noch mindestens zehn Jahre leben und einsetzbar sein! Kann ja alles sein, aber ein Therapiebetrieb, der sich selbst finanzieren und tragen muß, kann es sich leider nicht erlauben, „Auffanglager" für derartige Tiere zu sein. Wenn die so angepriesenen Tiere tatsächlich all diese positiven Eigenschaften haben sollten, stellt sich mir die Frage, warum so ein „tolles" Pferd dann überhaupt abgegeben werden muß! Jeder Pferdebesitzer muß sich ja glücklich schätzen, so etwas zu besitzen und wird sich ungern davon trennen! Also, seien Sie vorsichtig mit derartigen Angeboten, oft steckt knallharter Egoismus einer Privatperson dahinter, und es werden von Ihnen dann Dinge erwartet, die der Besitzer selbst nicht mehr bereit ist, zu tun oder noch nie getan hat.

Andererseits gibt es aber auch genügend Beispiele von Pferden oder Ponys, die aus guter Privathand (mit guter Ausbildung und Erziehung) aus verschiedensten Gründen zum Teil mit Schutzverträgen in Therapieeinrichtungen abgegeben wurden und von denen man total begeistert und zufrieden ist. Einen Ponywallach habe ich z. B. im Einsatz, der für die Kinder zu klein wurde. Die Besitzer boten das Pony an, nachdem sie einmal bei der Therapiearbeit zugesehen hatten und erzählten ganz begeistert von ihrem Tier. Ausgemacht wurde nach der Besichtigung, das Pony erst einmal auf Probe zu nehmen. Und so wurde es dann

Hans Spichtinger bei der Weltmeisterschaft in Hartbury/Großbritannien 1994 mit dem aus Privathand stammenden Fleur.

unter vielen Tränen angeliefert, gewöhnte sich in kurzer Zeit sehr gut ein, machte die Rangordnung auf der Koppel schnell aus, und nach wenigen Tagen schon war klar, das Pony bleibt auf jeden Fall. Hier hat die Besitzer nicht über-, sondern eher untertrieben. Es war ein kleiner Glücksgriff. Beide Seiten waren hochzufrieden, und der kleine Kerl hatte eine neue Aufgabe gefunden. Sollte Ihnen also ein Pferd geschenkt werden wollen, prüfen Sie dieses bitte genauso gut und genau, als wenn Sie es für viel Geld kaufen würden. Achten Sie auch auf die Klauseln, die der Besitzer in einem eventuellen Schutzvertrag miteingebracht haben möchte. Versprechen Sie nichts, was Sie auf lange Sicht gesehen nicht halten können. Denken Sie immer daran, auch ein geschenktes Pferd hat Unterhaltskosten, muß betreut werden, braucht Schmied und Tierarzt und ist nicht preiswerter als ein gekauftes. Ein geschenktes Pferd mit Mängeln kann sogar plötzlich um ein Vielfaches teurer werden.

Zeitlich begrenzte Überlassung

Hier geht es nicht um die kurze Zeit eines Lehrganges, eines Turnieres, einer Schauvorführung oder um einmal in der Woche das Pferd in der Therapiearbeit einzusetzen. Gemeint sind Pferde, die Ihnen angeboten werden, weil der Besitzer ein Jahr lang im Ausland studiert, ein Ehepaar sich trennt, das Pferd im Scheidungstheater stört oder erst einmal keiner es allein weiterfinanzieren kann oder will, oder der Sohn oder die Tochter Schulprobleme hat. Das heißt, Sie sollen ein, vielleicht auch zwei Pferde finanzieren (selten wird ein Pferd angeboten, bei dem der Besitzer weiterhin sämtliche Kosten tragen will!), betreuen, trainieren und nach Lust und Laune des eigentlichen Besitzers es dann auch wieder zurückgeben. Seien Sie auch hier vorsichtig, Sie haben bzw. übernehmen die Verantwortung sowie Kosten für etwas, was Ihnen nicht einmal gehört! Sie müssen das Pferd für Ihre Therapiearbeit ausbilden, es einarbeiten und wenn es endlich einsetzbar ist, ist der Zeitraum vielleicht abgelaufen, das Tier abgeholt und „außer Spesen ward nichts gewesen"! Sollte sich das Tier in dem Zeitraum gar auch noch verletzt haben und optische Mängel zurückgeblieben sein, folgt der Ärger auf dem Fuß. Sicher kann man es sich überlegen, wenn es ein Pferd ist, daß man sowieso schon seit längerer Zeit in der Therapiearbeit miteingesetzt hat. Wägen Sie aber trotzdem gut ab, ob der im ersten Moment erscheinende Vorteil nicht doch eher ein Nachteil für Sie ist.

Auswahl und Ausprobieren des Pferdes

Nun ist es endlich soweit. Sie haben sich für eine bestimmte Rasse, ein Pferd aus einer Annonce, einen Tip vom Schmied entschieden und machen sich auf den Weg, das Pferd zu besichtigen. Sicher haben Sie daran gedacht, einen Termin zu vereinbaren, bei dem Ihnen das Pferd auch vorgeritten werden kann, die Besitzer auch anwesend sind. Schauen Sie sich den Ort gut an, wo das Pferd steht. Fragen Sie nach, warum es dort steht (Trainingsmöglichkeiten, Möglichkeit zum Koppelgang, zur Ausbildung...). Wie oft hat es Ställe gewechselt und warum? Den wievielten Besitzer hat es schon, aus welchem Grund? Wieso Außenbox, Laufstall, Innenbox, warum auf Sägemehl oder Stroh, kein Hafer, Heu naß, warum hinten und vorne Wärmebandagen usw. usw. Eben alles, was Ihnen so spontan an dem Pferd auffällt. Die erste Begutachtung des Pferdes kann im Grunde dann schon im Stall, Koppel oder Paddock geschehen. Wie reagiert das Pferd auf Sie als fremde Person? Kommt es freundlich interessiert auf Sie zu, legt es die Ohren an? Zeigt es Ihnen die Frontseite oder eher das Hinterteil? Läßt es sich gut aufhalftern, Hufe auskratzen, von Ihnen führen? Wie reagiert es auf Berührung? Läßt es sich anfassen, abtasten, vorsichtig klopfen, streicheln oder zeigt es gleich die Zähne, hebt drohend ein Bein, geht auf die Seite? Sollten die letzteren Dinge der Fall sein, dann rate ich Ihnen gleich davon ab. Verschwenden Sie keine weitere Zeit. Wenn es bis dahin jedoch ganz in Ordnung war, dann prüfen Sie das Gebäude des Pferdes, die Gänge an der Hand und auch beim Freilaufen in der Bahn oder Halle. Achten Sie auf seine Reaktionen, sollte es Sie (im krassesten Falle, aber auch schon geschehen) angehen wollen, nach Ihnen ausschlagen, lassen Sie ebenfalls davon ab. Ersparen Sie sich den Ärger. Ist aber auch dieser Test gut abgelaufen, dann lassen Sie sich das Pferd vorreiten. Die Betonung liegt auf „vorreiten lassen"! Niemals, aber auch niemals sollten Sie sich auf ein für Sie wildfremdes Pferd setzen. Wenn das Pferd unter dem Sattel in Ordnung ist, wird Ihnen jeder Besitzer gerne zeigen wollen, was sein Pferd alles kann bzw. wie es geht. Wenn nicht, stimmt etwas nicht. Lassen Sie sich auch in gar keinem Fall auf irgendwelche Ausreden ein, wie z.B. „bin überraschend krank geworden", „Bereiter leider gerade nicht da" oder sonstiges. Ich selbst saß schon zweimal auf Pferden, die absolut roh, noch überhaupt nicht angeritten waren. Beide Male ging es zwar glimpflich ab, aber noch einmal passiert mir das nicht. Ich kann mich auch an eine Stute erinnern, die ich vor Jahren in einem Pensionsstall ausprobieren wollte. Der Besitzer saß schon auf einem Pferd in der Halle, ließ mir über eine Pflegerin Sattel und Zaumzeug in die Hand drücken und schickte mich damit die Stallgasse lang. Vorletzte Box, linke Seite, hieß es. Eine Stute mit angelegten Ohren, kaum daß ich die Boxtüre aufmachte, empfing mich. Naja, dachte ich, als ich jedoch den Sattel vorsichtig auflegte, stöhnte das Tier plötzlich auf und schmiß sich vor mir auf den Boden. Danach wurde ich dann von einer anderen Pferdebesitzerin aufgeklärt, daß die Stute hochgradigen Sattelzwang hatte. Sie können sich denken, daß dieses Pferd nicht in meinem Besitz ist. Zum Probereiten kam es natürlich nicht mehr. Setzen Sie sich daher erst auf ein Pferd, wenn es Ihnen ausgiebig vorgeritten wurde. Sie können es währenddessen genau beobachten, den Bewegungsablauf studieren, sich ein Bild machen. Wenn Sie dann selbst aufsitzen, reiten Sie einige Übergänge, fühlen Sie seine Gänge, die Bewegungen, testen Sie einige Lektionen an, um zu prüfen, wie gehorsam und durchlässig es ist. Trainieren Sie aber nicht an dem Tier herum, das können Sie sich für zu Hause aufheben. Fragen Sie auch immer den Verkäufer, wieweit es überhaupt ausgebildet ist, was es an Lektionen kann, bevor Sie etwas von dem Tier verlangen. Seien Sie vorsichtig. Es ist entscheidend, ob der sogenannte „Funke" überspringt, Sie sich wohlfühlen, es Ihnen Spaß macht und Sie sich eine Zusammenarbeit auf lange Zeit mit dem Pferd vorstellen können.

Nachdem Sie das Pferd unter dem Sattel getestet haben, sollten Sie nun einige Dinge ausprobieren, die Sie für die Therapiearbeit benötigen. Seien Sie hierbei aber vorsichtig, dem Tier gegenüber geduldig und verständnisvoll. Es kennt viele Dinge sicherlich nicht. Nehmen Sie das Pferd an die Longe, legen Sie einen Voltigiergurt auf und lassen Sie dann vorsichtig einige Übungen machen. Wie reagiert das Pferd in der Nierenpartie, wie in der Kruppengegend, was macht es beim Pressen mit den Beinen in der Flankengegend? Können eventuell sogar zwei Reiter aufsitzen? Ist es überhaupt schon einmal ohne Sattel geritten worden? Beobachten Sie das Pferd von unten, wenn Helfer obensitzen und setzen Sie sich unbedingt auch selbst einmal (wenn möglich) ohne Sattel auf das Pferd, um selbst zu fühlen. Bedenken Sie aber bitte, ein Pferd mit wenig oder falscher Muskulatur wird sich anders anfühlen als ein entsprechend gut ausgebildetes. Unter Umständen müssen Sie sich das eine oder andere noch dazudenken, das Endbild oder Endgefühl versuchen vor Augen zu haben. Eines sollte Ihr Pferd jedoch nicht machen, während Sie all dies ausprobieren: Es sollte nicht bocken, ausschlagen, extrem mit dem Kopf oder Schweif schlagen, herumtänzeln, unruhig schnauben, sich kopflos verhalten. Manche Pferde sind aber auch so verdutzt und entgeistert, daß sie erst einmal gar nichts machen, und das böse Erwachen kommt später. Beobachten Sie daher genau die Körpersprache des Pferdes und wägen Sie genau ab. Ob das Pferd nun endgültig für die Therapiearbeit tauglich ist, wird sich aber erst während des Trainings und sicherlich auch erst nach dem begonnenen Einsatz in der Therapie zeigen. Unter Umständen müssen Sie einige Abstriche machen, können das Pferd nicht ganz so vielseitig einsetzen, manches auf später verschieben, oder aber mehr mit dem Pferd machen, als Sie ursprünglich gedacht hatten. Entscheidend ist, daß das Pferd nicht nur bei Ihnen als sein Ausbilder oder Weiterbildender gut mitarbeitet, sondern auch im Rahmen eines Teams oder mit einem anderen Therapeuten.

Unter Umständen haben Sie nun die Qual der Wahl, wenn Sie mehrere Pferde besichtigt haben. Überlegen Sie in Ruhe, lassen Sie sich nicht drängen, besprechen Sie eventuell noch mit der Familie, Ihrem Therapieteam und Fachleuten. Wägen Sie das Für und Wider von jedem Pferd ab. Es sollte nicht nur eine Kopfentscheidung, sondern auch eine Gefühlsentscheidung sein, Sie müssen mit dem Tier zusammenarbeiten, es ausbilden, sehr viel Zeit und Geduld investieren, von der Menge Geld einmal ganz zu schweigen. Wenn Sie nun Ihre Wahl getroffen haben, vergessen Sie nicht, das Pferd vom Tierarzt begutachten zu lassen. Wählen Sie bitte Ihren eigenen Tierarzt, entscheiden Sie selbst in Absprache mit ihm, in welchem Umfang die Ankaufsuntersuchung erfolgen soll. Wenn nun auch dieser sein Okay gibt, kann man Ihnen also erst einmal gratulieren!

Ausbildung des Therapiepferdes

I n der Arbeit an der Hand können Sie Ihr Pferd kennenlernen, seine Reaktionen beobachten, Schwächen (z.B. im Gleichgewicht) erkennen und verbessern oder sogar beheben. Sie schaffen damit nicht nur eine gute Grundlage für die spätere Arbeit an der Longe oder unter dem Sattel, sondern können die Arbeit bzw. Ausbildung entsprechend ergänzen.

Arbeit an der Hand

Gehorsamsübungen und richtiges Führen

In der Arbeit an der Hand können Sie Ihr Pferd aber auch im Grundgehorsam schulen. Ihr Pferd lernt Ihnen zu folgen, auf Sie zu achten, abzuwarten und entsprechend auf von Ihnen gegebenen Signale zu reagieren.

„Wer führt, der Mensch oder das Pferd?!" Wenn so manche Paare gemeinsam unterwegs sind, drängt sich einem diese Frage förmlich auf. Nicht immer ist klar zu erkennen, ob der Pferdeführer nun tatsächlich derjenige ist, oder nicht das Pferd das Kommando übernommen hat. Es gibt Pferdeführer, die mehr oder weniger an ihren Pferden hängen, andere „schleifen", „ziehen", „zerren" ihre Tiere regelrecht hinter sich her. Weder das eine noch das andere hat mit sinnvollem Pferdeführen zu tun. Dort, wo Pferde in der Therapie eingesetzt werden, Pferde gut „geführt" werden müssen, hat keines von beiden etwas zu suchen.

Beim korrekten Führen sind einige Grundregeln zu beachten: Der Führer des Pferdes geht in dem Bereich zwischen Kopf und Schulter des Pferdes neben diesem her. Ob auf der linken oder rechten Hand geführt wird, hängt vom Einsatz des Pferdes ab. Den Pferden sollte aber Beides bekannt sein. Unter Umständen wechseln Sie in der Therapieeinheit öfters die Hand oder müssen Ihr Pferd auch einmal von der rechten Hand an eine Therapietreppe heranführen. Zum Führen Ihres Pferdes verwenden Sie entweder Zügel oder aber auch eine am Stallhalfter verschnallte Führkette. Achten Sie darauf, nicht auf „Dauerzug" zu sein, sondern eine leichte Verbindung zu Ihrem Pferd zu haben. Je nach Pferd kann es auch notwendig sein, eine Gerte mitzuführen. Auch dies sollte mit dem Pferd trainiert worden sein, bevor Sie es in der Therapie einsetzen. Sinnvoll ist der Gerteneinsatz, da Sie die Gerte als ihren verlängerten Arm verwenden können. Eines ist aber entscheidend, Sie führen das Pferd, und nicht das Pferd Sie. Im Klartext heißt dies, wenn Sie anhalten, bleibt auch das Pferd stehen, wenn Sie losgehen, geht das Pferd ebenfalls sofort mit. Bei etwas büffeligen Pferden

Zügelhaltung beim Führen des Pferdes.

kann die Gerte kurz vor den Kopf gehalten bzw. zum Angehen kurz hinterhalb des Gurtes angetickt Wunder wirken. Eventuell müssen Sie zur Korrektur auch mit einem Kappzaum führen. Nach Möglichkeit immer eine Stimmhilfe dazu verwenden (z.B. Haaalt, Marsch). Entscheidend ist natürlich auch das Tempo, das ebenfalls vom Pferdeführer bestimmt wird. Das Pferd sollte fleißig schreiten, aber nicht eilen. Wollen Sie den Trab an der Hand, dann sollte dieser ruhig und gelassen sein. Lassen Sie niemals zu, daß Ihr Pferd an der Hand pullt. Bei engen Wendungen führen Sie das Pferd immer von sich weg, dann müssen Sie auch nicht befürchten, daß Ihr Pferd Ihnen einmal auf die Füße steigt. Noch ein Tip zum Abschluß: Bitte wickeln Sie niemals Zügel oder Strick um Ihr Handgelenk! Sie können Ihr Pferd dadurch nicht besser „halten"! Im Gegenteil, sobald sie auf „Zug" kommen, zieht sich die Schlinge zu, und Sie können sich massiv verletzen!

Halten

Wenn Sie anhalten wollen, muß auch Ihr Pferd sofort stehenbleiben. Es muß auch dann ruhig stehen, wenn Sie an seiner Ausrüstung etwas verändern möchten, einem behinderten Reiter beim Aufsitzen behilflich sein wollen, kurz ein klärendes Gespräch mit einer

Patientin führen oder, oder... Beispiele gibt es sicherlich viele im täglichen Pferdeablauf. Wenn Ihr Pferd aber z.B. an einer Therapierampe nicht ruhig stehenbleibt, können Sie es für die Therapiearbeit schlichtweg vergessen. Dann haben Sie nämlich einen Risikofaktor, der das Arbeiten unmöglich macht. Üben Sie immer wieder promptes Angehen und genauso entsprechendes Anhalten. Erwarten Sie, daß Ihr Pferd ruhig steht und gehen Sie hierbei keine Kompromisse ein. Auch nach dem Aufsitzen eines behinderten Reiters sollten Sie das Pferd immer erst noch einen Moment stehenlassen, bevor Sie es anführen.

Rückwärtsrichten

Das Rückwärtsrichten gehört zur Grundausbildung eines Pferdes, gleichgültig, ob es nun ein Dressur-, Spring-, Freizeit-, Fahr- oder auch Therapiepferd ist. Es dient nicht nur dazu, das Pferd vermehrt auf die Hinterhand zu setzen, sondern ganz einfach, um nur einmal auszuweichen, irgendwo „einzuparken" oder auch als Gehorsamsübung. Es kann Ihnen auch passieren, daß Sie Ihr Pferd zwei Schritte zu weit an der Therapierampe vorbeigeführt haben. Kein Problem, Sie signalisieren Ihrem Pferd, daß es entsprechend zurückgehen soll, und schon ist alles wieder in Ordnung. Wichtig ist, daß Ihr Pferd gerade zurücktritt und mit der Hinterhand nicht seitlich ausweicht. Aus diesem Grunde fangen Sie mit dem Üben des Rückwärtsrichtens am besten an der Bande der Reithalle oder, wenn nicht vorhanden, am Zaun oder an der Einfassung Ihres Reitplatzes an. Das Pferd sollte also eine seitliche Begrenzung haben. Sie stehen auf der Innenseite leicht seitlich vor Ihrem Pferd, ticken es mit der Hand oder auch Gerte leicht auf die Spitze des Schulterknochens und lösen damit einen Reflex aus, der das Pferd rückwärtsgehen läßt. Dabei verwenden Sie ruhig auch ein Stimmkommando z.B. „Zuu-rück!" Folgen Sie dem Pferd dabei beim Rückwärtsgehen. Sollte es die Hinterhand in die Bahnmitte nehmen wollen, begrenzen Sie durch die seitlich gehaltene Gerte und

Übertreten an der Hand mit Akunjo.

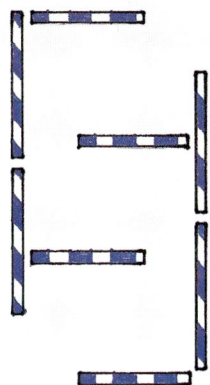

»Labyrinth«

»Flattertor«

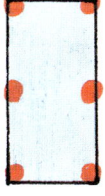

Blaue Plastikfolie und 6 Hütchen

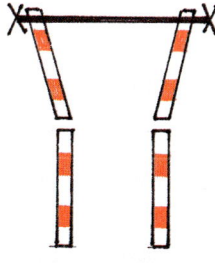

»Schlüsselloch«

„lenken Sie mit dem Kopf bzw. Hals des Pferdes leicht entgegen". Sollte dies auf beiden Händen gut klappen, probieren Sie es auch einmal am zweiten oder dritten Hufschlag oder auch auf der Mittellinie (also gänzlich ohne Anlehnung). Bei den ersten Versuchen des Rückwärtsrichtens sollten Sie mit dem Lob nicht geizen, dann macht Ihr Pferd umso williger mit. Legen Sie auch Wert darauf, daß Sie bestimmen, wieviele Tritte das Pferd zurücktritt und Sie es auch jederzeit im Rückwärtsrichten wieder anhalten können.

Übertreten an der Hand

Dies ist nicht nur wichtig, um das Pferd später auf Wendungen vorzubereiten, sondern auch, um die Vor- bzw. Hinterhand des Pferdes beweglicher zu machen. Eine sehr gute Übung auch für Pferde mit einem schlechten Gleichgewichtssinn. Sehr schnell können Sie hierbei erkennen, welches Problem auch unter dem Sattel auftreten wird. Auch hier stehen Sie leicht seitlich vor Ihrem Pferd, stellen es entgegen der Bewegungsrichtung und ticken es vorsichtig mit der Gerte an der Stelle der Körpers an, wo auch der seitwärtstreibende Schenkel zum Einsatz kommen würde. Unter Umständen könnte es auch sein, daß Sie mit einem Anticken oder auch Anlegen der Gerte im Bereich der Hinterhand mehr Erfolg haben. Probieren Sie es einfach aus. Nicht jedes Pferd ist schließlich gleich. Sobald es auch nur einen Schritt zur Seite gemacht hat, loben Sie es, damit es sofort begreift, was Sie von ihm wollen. Möchten Sie zu einem späteren Zeitpunkt, daß das Pferd lernt, an den äußeren Zügel heranzutreten, ist es sinnvoll, es dabei auszubinden. Ist die Grundlage im Übertreten an der Hand geschaffen, können Sie daraus z.B. das Schulterherein erarbeiten. Für unser Therapiepferd ist das Übertreten eine wichtige Vorraussetzung, um z.B. seitlich näher an eine Therapierampe herantreten zu können.

Bodenarbeit

Spätestens seit der Name Linda Tellington-Jones in aller Munde war, kennt man die sogenannte „Bodenarbeit". Begonnen wird sie in der Regel mit einfachen Anforderungen für Pferd und Führer bzw. Reiter, wie z.B. über Stangen treten, um Ton-

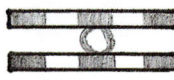

*2 Stangen
mit Autoreifen*

*Tonnen
zum Slalom-Reiten*

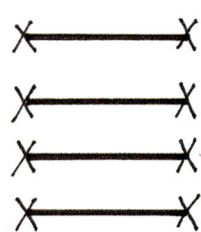

*Cavalettis im Schritt
oder Trab geritten*

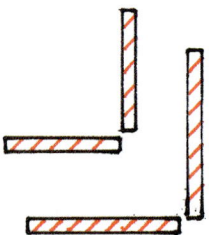

*»L«, vorwärts oder
rückwärts geritten*

nen gehen. Später wird es dann anspruchsvoller z B. vorwärts/rückwärts durch ein am Boden gelegtes „L" zu gehen, das „Labyrinth" zu bewältigen, den „Stern", „Grill", durch Flatterbänder oder über Plastikfolie zu reiten bis hin über eine Brücke oder auf eine Wippe zu gehen. Sinn und Zweck dieser ganzen Übungen ist zum einen, den Gehorsam des Pferdes zu schulen, Sinnesreize zu schaffen, das Pferd dazu zu bringen, sich mit Neuem auseinanderzusetzen (nicht gleich in Panik davonzurennen), Selbstvertrauen und Körperkoordination beizubringen. Das „A" und „O" ist, das Pferd zum Mitdenken anzuregen. Aus der Westernreiterszene kennen Sie sicherlich die sogenannten „Trailparcours". Auch hier müssen sich Roß und Reiter mit immer wieder neuen Dingen auseinandersetzen. Warum also dieses Training nicht auch für unser Therapiepferd nutzen! Der eine oder andere behinderte Reiter wird begeistert sein, wenn Sie die oftmals doch recht öde Reithalle in einen kleinen „Trailparcours" verwandeln. Und warum sollte dies z.B. auch nicht einmal in der „Hippotherapie" möglich sein! Im Heilpädagogischen Bereich werden Elemente aus dem Bereich der Bodenarbeit gerne verwendet. Wenn Sie einmal beobachtet haben, mit welcher Begeisterung eine Gruppe verhaltensgestörter Kinder miteinander Stangen schleppten, einen „Schulranzen-Slalom" erfanden oder „Zauber-Tore" aus bunten Straßenhütchen bauten, dann verstehen Sie sicherlich, wieviel Freude dies machen kann und welche Bereicherung es in der Therapiearbeit darstellt.

Longieren

Grundlagen

Sollte Ihr Pferd Longenarbeit noch nicht kennen, ist es ganz wichtig, daß sie ihm dies beibringen. Das fachgerechte Longieren ist ein ganz wichtiger Bestandteil in der Ausbildung sowie auch im regelmäßigen Training des Pferdes. Das Heilpädagogische Voltigieren kommt ohne dem nicht aus. Sollten Sie selbst im Longieren noch keine Erfahrung haben, bitte lassen Sie sich von einer Fachkraft helfen oder besuchen Sie z. B. einen Longierlehrgang. Gutes Longieren ist genauso eine Kunst wie gutes Reiten. Nirgendwo wird aber soviel falsch gemacht wie beim Longieren. Oftmals ist es ein Kreisenlassen an einer sieben Meter langen Leine ohne jeglichste Verbindung zum Pferde, endloses Traben und Galoppieren ohne Konzept und Ziel, meistens auch noch auf viel zu kleiner Zirkellinie. Über Sinn und Unsinn der diversen „Hilfszügel", die heute auf dem Markt sind und selten beim Longieren richtig verwendet werden, ließen sich sowieso ganze Bücher füllen. Zum Handwerkszeug des Longierers gehören eine Longe, eine Longierpeitsche, je nach Bedarf ein Longiergurt, Voltigiergurt oder Sattel und eine Trense bzw. auch der Kappzaum. Sinnvoll ist es, das Pferd mit Gamaschen auszurüsten. Zum Ausbinden verwenden Sie nach Wahl einen entsprechenden Hilfszügel wie z.B. Ausbindezügel, Dreiecks- oder auch Pohlmannzügel. Während die Ausbindezügel seitliche Anlehnung bieten, sind die beiden anderen Hilfsmittel da, um dem Pferd den Weg in die Tiefe zu zeigen. Was Sie auswählen wollen, hängt davon ab, welches Ziel Sie bei Ihrem Pferd erreichen möchten. Auch eine Kombination ist denkbar, z. B. im Rahmen einer Voltigierstunde: Lösen des Pferdes mit dem Pohlmannzügel, Trainings- phase mit den eingeschnallten Ausbindern.

Grundausbildung

Für ein junges Pferd ist es wichtig, an der Longe ohne Reitergewicht seinen natürli- chen Takt zu finden, sich loszulassen und vor allem sich auszubalancieren. Es ist nämlich gar nicht selbstverständlich, daß ein Pferd ohne Probleme auf der Zirkellinie Schritt, Trab und Galopp laufen kann. Jeder, der schon einmal mit "longier-unerfahrenen" Pferden gearbeitet hat, kann davon ein Lied singen. Unser junges Pferd wird hier mit etwas konfrontiert, was es bisher in dieser Form ja noch nicht kannte, der auf es einwirken- den Fliehkraft nämlich. Um das Lernen für Ihr Pferd einfacher zu machen, ist es sinnvoll, einen Longierzirkel abzuteilen (mit Bändern, Cavalet- tis, Hindernisteilen, diversen optischen Hilfsmit- teln), um für Ihr Pferd eine gewisse Anlehnung zu schaffen. Dazu kann Ihr Pferd unter Umstän- den auch einige Monate benötigen, je nachdem, wie gut seine eigene Körper-Balance ist. Bedenken Sie, daß der Reiter zwei Hände und Beine hat, um das Pferd einzurahmen und ihm damit zu helfen. An der Longe haben Sie dies leider nicht. Sollten Sie den Vorteil einer Longierhalle haben, benötigen Sie natürlich keinerlei Abgrenzungen und können sich glücklich schätzen. Suchen Sie sich für das Training Ihres jungen oder auch älteren longierunerfahrenen Pferdes unbedingt eine Zeit aus, in der Sie in absoluter Ruhe und vor

Quelle: FN-Richtlinien, Bd. 1.

allem alleine in einer Halle arbeiten können. Sie ersparen sich damit unnötige Probleme. Sinnvoll ist es, das junge Pferd am Anfang nicht auszubinden und es erst einmal mit den Longiermaterialien und der Umgebung vertraut zu machen. Wenn Ihr Pferd von Ihnen schon an der Hand gearbeitet wurde, dürfte der Einstieg in die Longenarbeit nicht schwerfallen. Empfehlen würde ich Ihnen zu Beginn nicht mit Trense, sondern mit einem Kappzaum zu longieren. Der Vorteil ist, daß Sie das empfindliche Pferdemaul schonen und ausschließlich über die Nase einwirken. Zu einem späteren Zeitpunkt können Sie dann die Kombination Trense/Kappzaum verwenden (Hilfszügel eingeschnallt in der Trense, Longeneinwirkung Kappzaum). Von da aus kann dann der Übergang zur eventuell ausschließlichen Verwendung der Trense (Longeneinwirkung Trense) kommen. Je nachdem kann es hilfreich sein, am Anfang mit einem Helfer zu arbeiten, der das Pferd vom Mittelpunkt des Zirkels auf die Kreislinie führt, während Sie in der Mitte auf einem kleinen Kreis mitgehen und versuchen, das Pferd mit Longe und Longierpeitsche einzurahmen. Stück für Stück sollte sich dann nach einiger Zeit Ihr Helfer vom Pferd entfernen und Sie die Führung des Pferdes übernehmen. Wie schon gesagt, bei erfolgter korrekter Grundschulung an der Hand dürfte dies kein Problem darstellen. Steigern Sie im Verlauf der Longierausbildung den Zeitraum der Longiereinheit von wenigen Minuten bis zu ca. einer halben Stunde. Länger sollten Sie Ihr junges Pferd auf gar keinen Fall longieren, bedenken Sie auch, nie zu lange auf einer Hand zu bleiben und regelmäßig alle fünf bis zehn Minuten zu wechseln. Am Anfang werden Sie sehr viel mit Stimme einwirken müssen, im Laufe der Ausbildung sollte diese aber immer mehr in den Hintergrund treten. Achten Sie darauf, immer die gleichen Stimmsignale zu verwenden und bedenken Sie, ein Heben der Stimme regt an, ein Senken beruhigt. Der korrekte Umgang mit dem Longier-Handwerkszeug ist das „A" und „O" im Arbeiten Ihres Pferdes, Sie vermitteln ihm ja ständig Signale, sei es durch die Longe oder auch durch die Peitsche. Während Sie am Anfang bei Ihrem Pferd eine kleine Kreislinie mitlaufen müssen, ist es wichtig, sich im Verlauf der Ausbildung immer mehr auf den Mittelpunkt des Longierzirkels zu zentrieren.

Gymnastizierung

Richtig und korrekt ausgeführtes Longieren dient nicht nur der Ausbildung unseres Pferdes, sondern auch seiner Gymnastizierung. Die Muskulatur wird im Verlauf des Trainings zunehmend ausgebildet, der Bewegungsablauf elastischer und kraftvoller. Am Anfang der Ausbildung werden Sie längere Trab- und Galoppreprisen einbauen müssen, das Pferd soll ja sein Gleichgewicht, seinen natürlichen Takt finden. Im weiteren Verlauf können Sie dann schon vermehrt mit Übergängen arbeiten (Schritt/Trab, Trab/Galopp) und das Pferd vermehrt auf die Hinterhand setzen. Hilfreich sind hierbei z. B. Hütchen als optische Hilfsmittel, wie Sie sie sicherlich aus dem Straßenbau kennen. Dabei können Sie sich selbst beobachten und erkennen genau, wie sicher Ihr Pferd an Ihren „Longierhilfen" steht.

Eine sehr gute Möglichkeit des weiterführenden Trainings ist die Arbeit über Stangen bzw. Bodenricks. Der Vorteil der Bodenricks ist der, daß diese nicht so leicht verrutschen

Longenarbeit mit Cavalettis

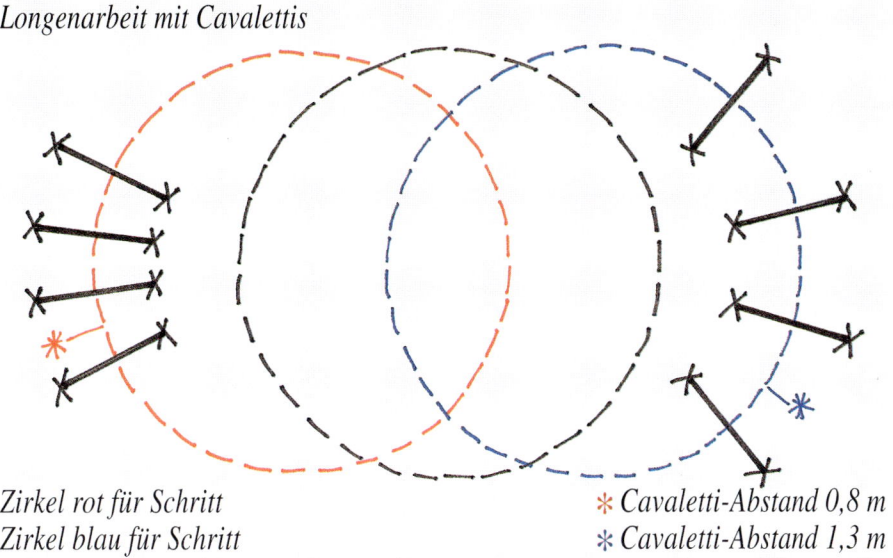

Zirkel rot für Schritt
Zirkel blau für Schritt

∗ *Cavaletti-Abstand 0,8 m*
∗ *Cavaletti-Abstand 1,3 m*

können. Diese Arbeit kann die Losgelassenheit fördern, den Takt festigen und durch die vermehrte Anhebung der Beine die Muskulatur kräftigen. In der Regel wird dadurch auch eine Verbesserung des Bewegungsausdruckes erreicht. Für das Training benötigen Sie mindestens drei, höchstens jedoch sechs Cavalettis. Als Richtmaß können für die Schrittarbeit ca. 80 cm Abstand und für die Trabarbeit etwa 120 cm gerechnet werden. Ideal ist es, wenn Sie die Cavalettis an der kurzen Seite der Bahn auf eine Kreislinie legen. Das Pferd hat eine Anlehnung an der Bande/Zaun und Sie können individuell die Schritt- bzw. Trittlänge variieren. Führen Sie Ihr Pferd anfangs im Schritt über die niedriggestellten Bodenricks, lassen Sie es sich die Sache erst einmal ansehen. Bei ängstlichen/unsicheren Pferden ist es besser, erst einmal mit einem einzelnen Tier zu beginnen, wobei viele dies wiederum versehentlich als Sprung werten. Verwenden Sie die Cavalettis in der niedrigsten und später dann auch in der mittleren Höhe. Mehr sollten Sie von Ihrem Pferd im Rahmen der Schritt- und Trabarbeit nicht verlangen! Longieren Sie nicht zu lange und zu oft über die Cavalettis, bedenken Sie, daß dies von Ihrem Pferd sehr viel an Kraft und Konzentration fordert. Ideal ist es, z.B. auf dem Mittelzirkel zu longieren, dann mit dem Pferd die Zirkellinie zu verlassen, einige Male über die Cavalettis zu longieren, um dann wieder auf den Mittelzirkel zurückzukehren. Auch hier gilt, häufig die Hand zu wechseln.

Voltigierbezogenes Longieren

Daß Sie für das Voltigieren nur ein wirklich sicher an der Longe gehendes Pferd verwenden sollten, steht außer Frage. Anstatt der herkömmlichen Longierpeitsche verwendet man im Voltigieren eine spezielle Voltigier-Peitsche. Diese hat einen wesentlich längeren

Stock und auch einen entsprechend längeren Schlag und bewirkt, daß das Pferd auf der größeren Kreislinie genauso erreicht werden kann. Die Hilfengebung durch die Peitsche ist jedoch trotzdem im Voltigieren durch den an das Pferd heranlaufenden Voltigierer eingeschränkt. Es ist daher notwendig, das Pferd besonders auf die jeweiligen Stimmhilfen sowie entsprechende Peitschenzeichen zu trainieren. Voltigieren ist für das Pferd eine sehr anstrengende und oftmals auch einseitige Belastung. Abwechslung im Trainingsplan an der Longe ist auch hier von Vorteil. Regelmäßige Bodenrickarbeit im Schritt und Trab wird auch Ihrem Voltigierpferd gut tun. Der Schwerpunkt im voltigierbezogenen Longieren liegt in der Galopparbeit. Promptes Angaloppieren aus dem Schritt und Trab sowie sofortiges Durchparieren in die niedrigeren Gangarten bzw. zum Halten sind Grundvoraussetzung, bevor Sie ihr Pferd entsprechend einsetzen können. Aber auch, wenn Sie das Pferd in einer integrativen Gruppe vielleicht ausschließlich im Schritt (evtl. etwas Trab) einsetzen, sollte diese Regel für Sie genauso gelten.

Doppellonge

Die Fortsetzung der normalen Longenarbeit ist die Arbeit mit der Doppellonge. Diese hat verschiedene Ziele. Zum einen kann es die verfeinerte Fortsetzung zur normalen Longenarbeit sein, zum anderen eine Korrektur bei schwierigen Pferden durch die zusätzliche Außenlonge, Vorbereitung zur Langzügelarbeit und natürlich auch zum Vorbereiten für den Einsatz vor der Kutsche. Im Therapiebereich wird es in der Regel als Vorbereitung zur Langzügelarbeit dienen. Voraussetzung ist auch hier, daß das Pferd sicher an der einfachen Longe geht, bevor Sie mit der Doppellonge beginnen. Die Doppellonge selbst sollte ca. 16 bis 17 m lang sein und am besten aus einem Stück bestehen. Weiterhin sollte Ihr Pferd mit Trense/Kappzaum, einem Longiergurt und auch hier mit Gamaschen ausgerüstet sein. Am besten ist es, wenn Sie Ihr Pferd erst einmal mit der einfachen Longe einige Minuten lösen. Dann gilt es, das Pferd an die Berührung der Außenlonge an den Hinterbeinen zu gewöhnen. Auch hier ist es von Vorteil, wenn Sie einen Helfer haben, der Ihr Pferd an der Innenlonge hält, während Sie vorsichtig die Außenlonge über die Kruppe an die Hinterschenkel des Pferdes legen und diese dann etwa eine Handbreit über dem Sprunggelenk nach innen führen. Bleibt das Pferd dabei ruhig, können Sie die Innenlonge übernehmen. Ihr Helfer sollte mit der Peitsche für eine geregelte Vorwärtsbewegung des Pferdes sorgen, so daß Sie sich ganz auf die Longenführung und das Pferd konzentrieren können. Bei der Anfangsgewöhnung kann es aber auch zu einem Ausschlagen des Pferdes kommen. Sorgen Sie in dem Moment sofort für ein energisches Vorwärtsgehen. Wenn es dem Pferd gelingt, stehenzubleiben bzw. sich umzudrehen, kann es zu einer schwierigen oder unter Umständen auch zu einer gefährlichen Situation kommen. Empfindliche und sensible Pferde können sich dabei sehr aufregen, so daß Sie eventuell zur einfachen Longe zurückkehren müssen.

Wichtig ist es, eine gleichmäßige, aber feine Verbindung zum Pferdemaul zu haben. Die Außenlonge muß immer eine verwahrende Aufgabe übernehmen. Niemals darf sie

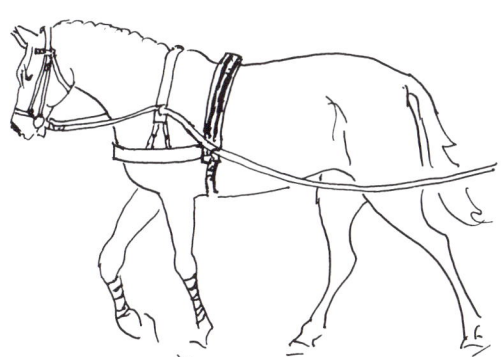

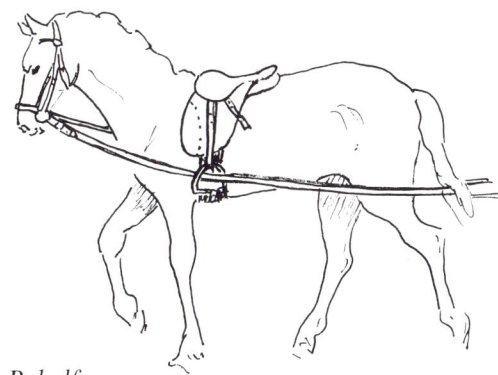

*Anbringung der Doppellonge
mit zweckmäßigem Halsteil.*

*Behelfs-
mäßige Anbringung der Doppellonge
durch den am Sattelgurt befestigten
Steigbügel.*

Quelle: Wilfried Germann in: FN-Richtlinien Longieren, Bd 6.

stramm um das Hinterteil des Pferdes verlaufen, nie die Bewegung einengen bzw. die Hinterhand hereindrücken. Sie können das Pferd in der Doppellongenarbeit in allen drei Grundgangarten arbeiten, jeweils Handwechsel vornehmen und von der Zirkellinie auch auf die
gerade Linie übergehen. Der Longenführer rahmt dabei sein Pferd mit beiden Longen ein. In
der Weiterführung können daraus Schenkelweichen sowie Seitengänge erarbeitet werden.

Therapiebezogenes Training

Gewöhnung an Therapieausrüstung

Im Bereich des Therapeutischen Reitens wird in der Regel für unser Therapiepferd die
gleiche Ausrüstung verwendet, wie wir sie auch beim herkömmlichen Longieren oder Reiten
brauchen. In vielen Fällen müssen wir jedoch spezielle Hilfsmittel verwenden. Nicht immer
sind handelsübliche Voltigiergurte, Decken oder auch Sättel verwendbar, und Sie müssen auf
spezielle Therapiegurte, Unterlagen oder Spezialsättel zurückgreifen. Auch die Verwendung
von kompensatorischen Hilfsmitteln wie z. B. Spezialzügel, Einsatz von zwei Dressur-Gerten,
eventuell auch der Einsatz eines Damensattels kann notwendig sein. Vielleicht benötigt Ihr
blinder Reiter aber auch in den Ecken seiner Reithalle akustische Signale (z.B. „Summer"),
um die Abmessungen der Reitbahn besser wahrnehmen zu können. Achten Sie darauf, das
Pferd, das Sie dafür verwenden möchten, mit der jeweils benötigten Ausrüstung vertraut zu
machen, bzw. auszuprobieren, ob es überhaupt damit zurechtkommt. Ein Pferd, das sich mit
einer Gerte problemlos reiten läßt, wird in der Regel auch mit dem Einsatz von zwei Gerten
zurechtkommen. Der Einsatz einer Umlenkhilfe für die Zügelführung (z. B. bei Contergan-
Behinderten), kann bei Pferden mit ungünstigem Halsansatz von Nachteil sein. Eine Unterstützung der Beizäumung ist dann nicht möglich. Die Hilfengebung beim Damensattel-Reiten
unterscheidet sich von der „Herrensattel-Reitweise" doch beträchtlich. Haben Sie also eine

behinderte Reiterin, die aufgrund fehlender Spreizmöglichkeit der Beine ein selbständiges Reiten im Damensattel anstrebt, sollten Sie bedenken, daß auch das Pferd diese Reitweise gewohnt sein muß. Auch die behinderungsspezifischen Hilfsmittel wie es z. B. ein Rollstuhl darstellt, dürfen dem Therapiepferd keine Angst einjagen und sollten daher ebenfalls mit ihm trainiert werden.

Führzügelausbildung

In der Arbeit mit Schwerstbehinderten, aber auch beim ersten Kennenlernen des Pferdes wird das Therapiepferd von einem Pferdeführer geführt werden. Dabei geht der Pferdeführer in der Regel auf der linken Seite etwa in Schulterhöhe neben dem Pferd her. Die Zügel werden mit der rechten Hand etwa eine Handbreit hinter den Trensenringen gefaßt, geteilt durch den Zeige- und Mittelfinger. Der rechte Zügel wird dabei etwas kürzer gefaßt, um das Pferd gerade zu halten. Dabei darf jedoch kein Dauerzug entstehen. Mit der linken Hand wird sichernd das lange Zügelende in die Hand genommen. Zusätzlich, gerade bei faulen Pferden, kann in der linken Hand noch eine Gerte mitgeführt werden. Diese sollte jedoch sehr vorsichtig eingesetzt werden. Die Einwirkung auf das Pferd erfolgt mittels der Stimme sowie durch die eigene Art des Gehens. Geht der Pferdeführer schneller, muß auch das Pferd sein Tempo erhöhen, wird dieser langsamer, soll sich auch das Pferd sofort anpassen. Der Pferdeführer ist ausschließlich für das Pferd verantwortlich. Er muß es genau beobachten, um Reaktionen voraussehen zu können (was aber nun nicht heißen soll, das Pferd ständig anzustarren!). Gleichzeitig muß der Pferdeführer ein Ohr bei dem Therapeuten bzw. Helfer haben, da diese an ihn entsprechende Anweisungen über Gangart, Richtung, Anhalten usw. geben. Ob das Pferd beim Führen zusätzlich ausgebunden werden soll, bleibt Ihnen überlassen, die Meinungen darüber sind sehr unterschiedlich. Probieren Sie es aus, vor allem, ob Sie für Ihre Arbeit bzw. Ihr Pferd besser einen Dreieckszügel oder Ausbinder verwenden möchten. In der Führzügelarbeit kann das Pferd mit Sattel, Voltigier- oder Therapiegurt ausgerüstet sein. Beachten Sie, daß das Pferd bei Verwendung von zwei Helfern darauf trainiert sein muß und daß seitlich links und rechts jeweils eine Person mitgeht. Viele Pferde reagieren irritiert, wenn auf der rechten Seite plötzlich auch noch eine Person ist. Beim Führen können zu den geraden auch große gebogene Linien gegangen werden. Diese Methode ist relativ einfach und sicher, gut auch beim Einsatz eines Pferdes, das noch nicht lange in der Therapiearbeit ist. Diese Art des Führens sollte Ihrem Pferd auf beiden Händen und in den Gangarten Schritt und Trab geläufig sein.

Langzügelausbildung

Der korrekte Einsatz des Langzügels entwickelt sich aus der Arbeit mit der Doppellonge. Sie gehört im klassischen Sinne zur „Arbeit des Pferdes an der Hand". Eine stark vereinfachte Form verwenden wir in der Therapie-Arbeit. Es bedingt einen geübten Pferdeführer, der mit feiner Hand auf das Pferdemaul einwirken kann. Das Langzügeltraining kann von den meisten Pferden und Helfern in wenigen Wochen erlernt werden. In der Regel wird das Pferd gleich lang ausgebunden und trägt entweder Sattel oder Therapiegurt mit Unterlage. Ideal ist es, ein Vorderzeug mit Ringen bzw. Schlaufen zu verwenden, durch die der Langzügel läuft. Der Langzügel selbst ist circa drei Meter lang (aus Gurt oder Ledermaterial) und sollte aus Sicherheitsgründen hinten offen sein. Der Langzügel wird links und rechts durch die Ringe des Vorderzeuges geführt und in die Trensenringe eingeschnallt. Der Pferdeführer geht nun in etwa einem Schritt Abstand hinter dem Pferd und folgt

ihm im gleichen Schritt und Tritt. Dabei hält er zusätzlich noch eine Dressurgerte in der Hand und touchiert je nach Bedarf treibend oder die Hinterhand einseitig anregend. Bei Volten oder Kehrtvolten kann er die Position hinter dem Pferd verlassen und seitlich mitgehen. Der Pferdeführer darf sich jedoch niemals vom Pferd ziehen lassen, niemals mit den Händen blockieren. Die Langzügelarbeit kann Weiterführung zur Führzügelarbeit sein, zur

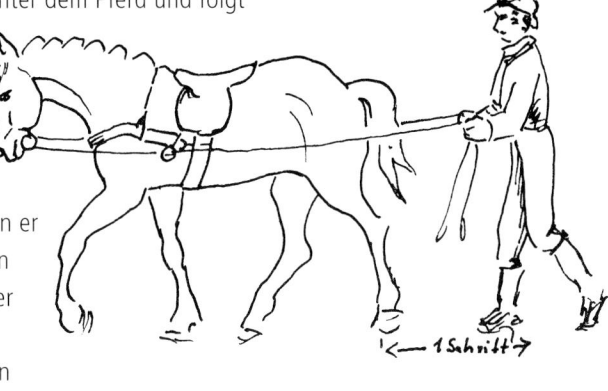

Am Langzügel.

Vorbereitung für einen behinderten Reiter zum selbständigen Reiten oder um dem Behinderten neue Bewegungsreize zu vermitteln. Am Langzügel können neben geraden oder gebogenen Linien auch Halten, Rückwärtsrichten und Schenkelweichen vermittelt werden.

Therapietreppen- und Rampentraining

Je nachdem, mit welchem Klientel Sie arbeiten, kann es sein, daß Sie mit entsprechenden Aufstiegshilfen arbeiten müssen. Auch Ihr Pferd sollte diese „Gegenstände" kennen. Führen Sie Ihr Pferd langsam an die Treppe/Rampe heran, lassen Sie es erst einmal beschnuppern, geben Sie ihm eine Belohnung. Wiederholen Sie dies ruhig mehrmals, bevor Sie versuchen, das Pferd korrekt seitlich heranzuführen. Sie können sich helfen, indem Sie neben der Treppe/Rampe eine seitliche Begrenzung z. B. Cavaletti, Stangen oder eine Hütchenreihe stellen. Ihr Pferd wird dann in der Gasse zur Aufstiegshilfe geführt. Im Laufe der Zeit können Sie diese dann wieder entfernen. Achten Sie darauf, daß anfangs niemand auf der Treppe/Rampe steht, unter Umständen ist das „Ding" für das Pferd alleine schon irritierend genug. Dann sollten Sie Ihr Pferd daran gewöhnen, daß jemand, wenn es neben der Aufstiegshilfe steht, diese vorsichtig betritt. Sprechen Sie dabei mit dem Tier und sparen Sie nicht mit Lob. Ihr Helfer sollte anfangs vorsichtig im Verlauf der Ausbildung aber immer energischer, auch „lautstärker" die Aufstiegshilfe betreten. Ist Ihr Pferd dies gewohnt, dann lassen Sie Ihren Helfer mehrmals auf- und wieder absitzen. Achten Sie darauf, daß das Pferd ruhig stehenbleibt und weder seitlich noch vor- oder rückwärts tritt. Sinnvoll kann es sein, das Pferd auf beiden Händen zu trainieren. Je nach Behinderung kann auch einmal ein Aufsitzen auf der „falschen" Seite notwendig sein. Oft werden statt einem Helfer beim

Akunjo wird an die Therapietreppe gewöhnt.

*"Nein, Leckerli gibt's erst,
wenn Du auch brav an die Treppe gehst!"*

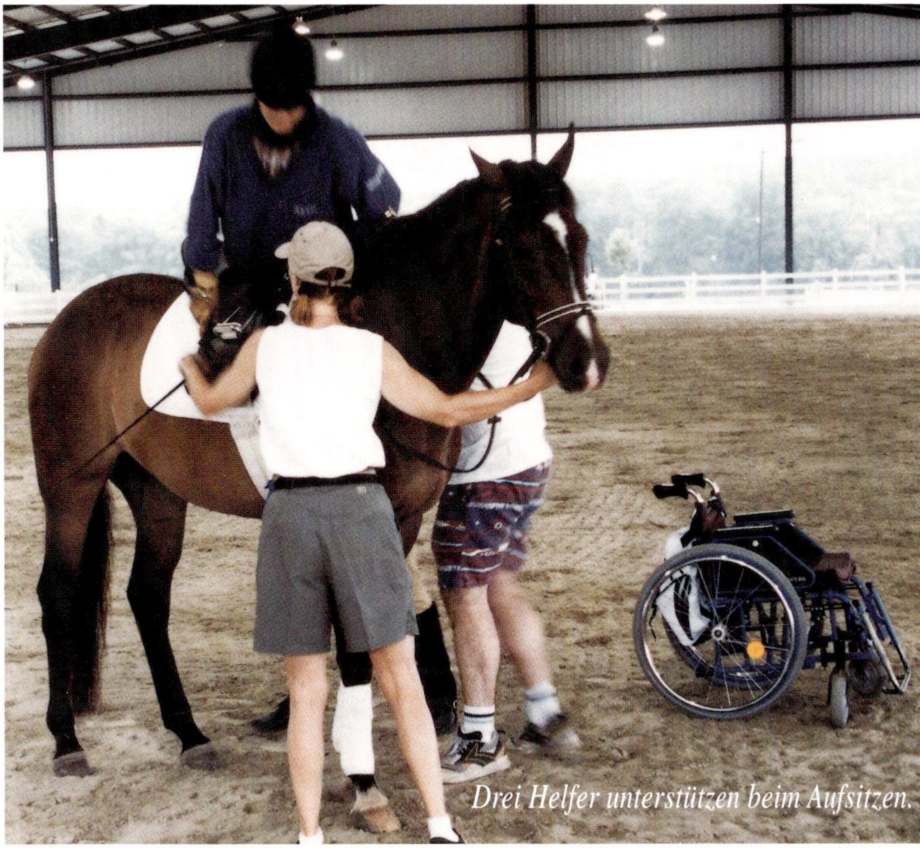

Drei Helfer unterstützen beim Aufsitzen.

„In Amerika ist alllles ein bißchen größer" (Atlanta 1996). Eine Kombination von Therapie-Treppe und -Rampe

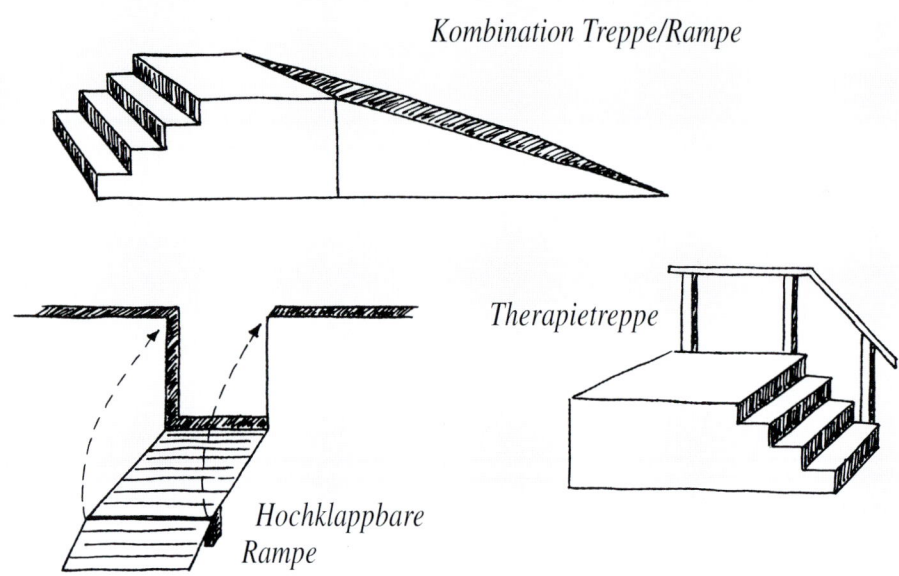

Kombination Treppe/Rampe

Therapietreppe

Hochklappbare
Rampe

Aufsitzen auch mehrere benötigt. Aus diesem Grund ist es notwendig, das Pferd damit vertraut zu machen, daß auch einmal z. B. drei Personen auf der Aufstiegshilfe stehen können. Genauso verhält es sich mit Personen, die im Rollstuhl sitzen. Das Pferd sollte auch vor Rollstühlen, die auf eine Rampe geschoben werden, nicht mit Angst und Schrecken reagieren. Lassen Sie sich beim Training viel Zeit, überstürzen Sie nichts. Ein verschrecktes oder verängstigtes Pferd wieder an die Aufstiegshilfe zu bringen, kann sehr schwierig sein.

Auf- und Absitzen von Behinderten

Leider kann unser Behinderter selten gut bzw. für das Pferd schonend aufsitzen. In der Regel ist dies oft aufgrund der Behinderung gar nicht möglich. Trainieren Sie Ihr Pferd also dahingehend, daß ein Reiter auch einmal zu weit hinten oder zu weit vorne aufsitzen wird, das Aufsitzen einen längeren Zeitraum beansprucht bzw. ein Fuß auf der Kruppe oder auch seitlich streifen kann. Trainieren Sie dies unbedingt vor dem Therapieeinsatz mit Helfern, die versuchen, die verschiedenen Möglichkeiten im positiven wie im negativen zu simulieren. Bei einigen Behinderten, gerade bei Kindern, kann es auch notwendig sein, daß der Therapeut mit auf dem Pferd sitzt und ihm das Kind hochgehoben werden muß. Je nachdem wird das Kind vor dem Therapeuten auf dem Rücken des Pferdes oder auch auf dem Hals sitzen. So wie das Pferd auf die unterschiedlichen Möglichkeiten des Aufsitzens trainiert werden sollte, muß es analog auch mit dem Absitzen erfolgen. Es kann sein, daß Ihr Behinderter zum Absitzen das Bein über den Hals des Pferdes schwingen muß, Sie ihn seitlich vom Pferd ziehen müssen, er aber auch das Bein hinten über die Kruppe schwingen kann oder der Therapeut das Kind vorsichtig heruntergleiten läßt. Unter Umständen kann auch das Absitzen eine gewisse Zeit benötigen. Auch hier ist es notwendig, entsprechend zu trainieren.

Training von „falschen" Verhalten behinderter Reiter

Sicherlich haben Sie es auch schon einmal erlebt: Plötzlich fängt ein Kind auf dem Therapiepferd sitzend ohne erdenklichen Grund lautstark zu brüllen an, klatscht in die Hände, reißt an der Mähne, schlägt dem Pferd auf die Kruppe, beißt es in den Hals, gibt plötzlich Zischlaute von sich, rudert mit den Armen oder Beinen, läßt sich blitzschnell seitlich vom Pferd gleiten (vielleicht auch noch auf die Außenseite!), kurz und gut, es macht alles, was Ihnen das Blut in den Adern stocken läßt. Damit es Ihrem Pferd nicht genauso geht, es zumindest nicht vor Schreck die Flucht ergreift, sollten Sie es darauf schon einmal vorbereiten. Versuchen Sie, alle diese Dinge und auch noch ein bißchen mehr, mit Ihrem Helferpersonal zu simulieren. Gehen Sie dabei schrittweise vor.

Beim Klatschen können Sie Ihr Pferd z. B. so vorbereiten:

1. Pferd steht in der Zirkelmitte, Ausbilder daneben, Helfer steht einige Meter entfernt, klatscht in die Hände
2. Helfer geht klatschend um das Pferd
3. Helfer steht klatschend neben dem Pferd
4. Helfer sitzt auf dem Pferd, klatscht in die Hände, zweiter Helfer sichert dabei!
5. Pferd wird Schritt geführt, Helfer sitzt auf dem Pferd und klatscht dabei immer wieder in die Hände (zweiter Helfer sichert !)
6. Pferd steht an der Therapierampe oder -Treppe, Helfer geht klatschend hoch/herunter

Stück für Stück können Sie Ihr Pferd mit der neuen Situation vertraut machen. Seien Sie dabei aber vorsichtig, brechen Sie sofort ab, wenn Sie den Eindruck haben, das Pferd ist zu sehr irritiert bzw. nervt sich auf. Sparen Sie nicht mit Lob und Leckerbissen. Grundsätzlich sollten Sie aber darauf achten, daß Ihr Pferd während der Therapie möglichst nicht in diese Situationen gerät, zu seinem eigenen Schutz und Sie dem behinderten Reiter schnellstens Einhalt gebieten. Leider läßt es sich aber nicht immer so schnell vermeiden, daß z. B. Agressionen plötzlich auf das Pferd übertragen werden. Seien Sie auch hierbei auf der Hut und beobachten Sie Ihre Behinderten genau. Denken Sie immer daran, Sie haben Ihrem Pferd gegenüber auch eine Verpflichtung. Sie können nicht von dem Tier verlangen, daß es sicher und konzentriert seine Arbeit verrichtet, wenn es unter diesen Auswirkungen (wie wir sie z. B. bei geistig Behinderten oder Verhaltensauffälligen kennen) leiden muß.

Vertrautmachen mit optischen Hilfsmitteln oder Spielematerialien

Wie langweilig kann doch so eine Reithalle sein! Abgesehen von Spiegeln, Buchstaben und Punkten bietet sie selten noch etwas mehr Abwechslung. Nur im Kreise zu reiten,

Ein kleiner Teil unserer Therapieausrüstung am, auf und vor Haflinger Marinus.

Bunte Frösche sind überall.

„Ring am Ohr".

„Würfel auf dem Kopf".

„Bunte Sandsäckchen".

sei es am Führ- oder Langzügel oder an der Longe, vielleicht sogar selbständig reitend, kann auf Dauer doch recht öde sein. Viel lebendiger wird es da, wenn man z. B. Slalom um bunte Hütchen reiten kann, über Stangen geführt wird, zwischen zwei Tonnen anhält oder eine Volte um einen Kegel reiten muß. Optische Hilfsmittel machen unsere Therapiearbeit lebendiger, bei behinderten Kindern auch „kindgerechter" und animieren vor allem zu mehr Mitarbeit. Bunte Sandsäckchen, vielseitig verwendet (auf die Schultern, Füße oder Hände gelegt) sind hilfreich für die Aufrichtung, schulen das Gleichgewicht und die Koordination. Bunte Bälle, Schaumstoffwürfel, Reifen und kleine Ringe fordern die Kreativität geradezu heraus. Mit einem Schaumstoffwürfel können Sie z. B. einem Kind die Aufgabe stellen, vom Pferd aus zu würfeln. Um die Zahl der gewürfelten Augen muß das Pferd z.B. vorwärts- oder auch rückwärts gehen. Kinder können sich den Würfel aber auch zuwerfen, um dem Körper geben und wieder zurückwerfen. Auch die Pferde finden dies in der Regel sehr interessant und haben Spaß daran. Schnell verstehen Sie, daß Sie z.B. zwischen zwei Hütchen anhalten müssen, um Tonnen schlangenlinien laufen sollen oder, oder... Wenn Sie Ihr Pferd im Rahmen der Bodenarbeit mit all diesen Dingen vertraut gemacht haben, wird die zusätzliche Ausbildung kein Problem für Sie darstellen. Aber auch hier empfehle ich, mit Helfern zu arbeiten,

Therapiebezogenes Training:
Wir simulieren einen geführten Ausritt mit Therapiehelfer Nadine,
Nicole, Silvia, Vanessa sowie den Pferden Akunjo und Jokker.

um sicherzugehen, daß dies tatsächlich klappt. Pferde können anfangs doch sehr irritiert sein, wenn Sie plötzlich mit einem Schaumstoffwürfel „beworfen" werden. Gehen Sie auch hier schrittweise vor:

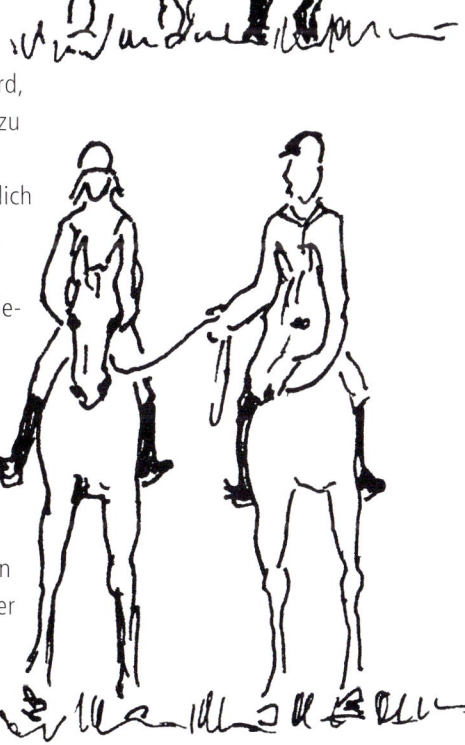

1. Pferd steht mit Ausbilder in der Zirkelmitte, Helfer läßt es den Würfel beschnuppern
2. Helfer steht neben dem Pferd, rollt den Würfel über den ganzen Körper des Pferdes
3. Helfer wirft neben dem Pferd stehend den Würfel immer rauf und runter, geht dann werfend um das Pferd herum
4. Helfer steht seitlich dicht am Pferd, wirft Würfel vorsichtig dem Pferd an Hals, Widerrist, Rücken, Bauch, Kruppe
5. Helfer wirft Würfel unter den Bauch des Pferdes hindurch, wirft Würfel über den Rücken, wirft bewußt zur Bande, daß der Würfel zurückspringt
6. Ausbilder führt das Pferd, Helfer führt Punkt 2 bis 5 aus
7. Ausbilder führt Pferd, Helfer sitzt auf dem Pferd, zweiter Helfer sichert, dritter Helfer wirft Würfel zu

Nach all diesen Übungen müßte Ihr Pferd eigentlich „würfelsicher" sein. Aber wie schon eingangs erwähnt, nicht jedes Pferd ist für alles geeignet. Gestehen Sie Ihrem Pferd also ruhig zu, daß es nicht alles ohne Probleme bewältigen kann und wählen Sie für diese spielerischen Elemente dann ein anderes Pferd aus.

Handpferdreiten

Diese Form des Führens eines Pferdes kennt man aus der Militärzeit oder auch vom Wanderreiten. Vorraussetzung dazu ist ein sehr sicherer Reiter, der sein „Handpferd" sowie natürlich auch das Pferd, auf dem er sitzt, sicher beherrscht. Das Handpferd hat einen viel größeren Bewegungsspielraum und muß daher sehr sicher der Stimme gehorchen und kann lediglich durch kleine Paraden am Führzügel unterstützt werden. Natürlich ist es auch wichtig, daß beide Pferde sich „wohlgesonnen" sind, also ein-

Handpferdereiten.

wandfrei nebeneinander gehen können. Der Vorteil des Handpferdreitens liegt sicherlich darin, daß auch ein behinderter Reiter die Möglichkeit hat, ins Gelände mitgenommen zu werden. Bei einem blinden Reiter ist die Sicherung über einen Führzügel unerläßlich! Die Führung des Handpferdes sollte daher auch nur die Person übernehmen, die absolut sicher ist. In der Regel wird dies der jeweilige Ausbilder sein. Das Training des Handpferdereitens findet am besten in der Halle oder auf einem eingezäunten Platz statt. Hier haben Sie eine Begrenzung und können im Schritt, später im Trab, evtl. auch im Galopp mit den beiden Pferden üben. Der erste „Handpferd-Reiter" sollte natürlich auch hier ein nichtbehinderter Helfer sein. Erst wenn Sie sich sicher sind, gehen Sie vorsichtig in das Außengelände. Wenn Sie hierbei auch ein gutes Gefühl haben, ist es an der Zeit, mit einem behinderten Reiter in das Gelände zu gehen.

Simulation von Therapiesituationen

Obwohl ich in einem vorhergehenden Punkt das Training von „falschem" Verhalten vieler behinderter Reiter behandelt habe, möchte ich diesen Punkt noch einmal in Erinnerung rufen. Versuchen Sie sich vorzustellen, was alles in einer Therapieeinheit ablaufen oder passieren könnte, und nach Möglichkeit trainieren Sie sich oder Ihr Helferteam sowie natürlich Ihr Pferd darauf. Vielleicht brauchen Sie z. B. zwei Helfer zum Sichern des Behinderten, einen links, einen rechts vom Pferd. Üben Sie dies mit Ihrem Therapiepferd, da es sonst sicher irritiert reagieren wird. Ein Reiter wird für Ihr Pferd sicher ganz normal sein. Wenn der Therapeut oder Helfer aber plötzlich nun mit auf dem Pferd sitzen muß, sieht die Sache schon wieder anders aus. Denken Sie auch immer daran, daß gerade geistig Behinderte oder auch Verhaltensgestörte leider nicht „normal" reagieren. Vielleicht will das Kind das Pferd am Pferdehintern begrüßen und rennt abrupt darauf zu oder stolpert plötzlich unter dem Bauch des Pferdes durch. Ein vermeintlich freundliches Begrüßen kann urplötzlich in ein „auf das Pony einhauen" umschlagen. Sicherlich ist es Ihnen auch schon einmal passiert, daß neben dem Therapiepferd plötzlich der Rollstuhl umgefallen ist. Es gibt nichts, was nicht schon einmal passiert wäre, glauben Sie mir. Je mehr Sie sich und Ihr Pferd jedoch darauf vorbereiten, umso „sicherer" wird es für Sie beide.

56 Dressurarbeit des Therapiepferdes

Grundausbildung (Ausbildungsskala)

Ein Pferd, das in dem Bereich des Therapeutischen Reitens eingesetzt wird, sollte in seiner dressurmäßigen Grundausbildung mindestens im Bereich der Klasse A stehen. Erst dann kann davon ausgegangen werden, daß die Muskulatur entsprechend ausgebildet ist, das Pferd taktrein und losgelassen an den Hilfen steht. Die Ausbildungsskala des Pferdes gibt uns hier die entscheidenden Vorgaben: Takt, Losgelassenheit, Anlehnung, Schwung, Geraderichtung und Versammlung. Dies sind die Voraussetzungen für ein gut gerittenes Pferd. Inwieweit die Versammlung für Ihr Therapiepferd notwendig ist, sei dahingestellt. Ein auf der

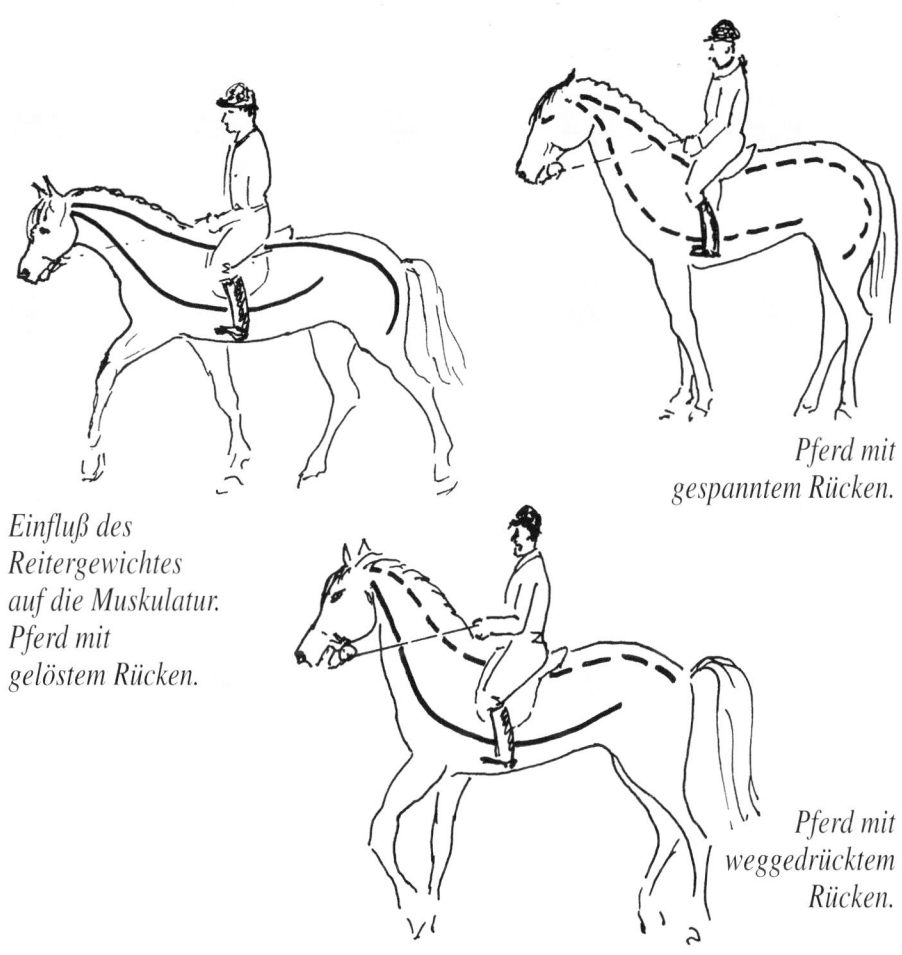

*Einfluß des
Reitergewichtes
auf die Muskulatur.
Pferd mit
gelöstem Rücken.*

*Pferd mit
gespanntem Rücken.*

*Pferd mit
weggedrücktem
Rücken.*

Vorhand laufendes Pferd kann jedoch auch in der Therapiearbeit nicht gebraucht werden. Das Pferd sollte auch nur soviel Schwung haben, wie er für die Therapie verwendbar ist. In der Regel müssen Sie das Pferd eher „untertourig" einsetzen. Umso wichtiger ist dann das entsprechende Ausgleichstraining des Pferdes. Achten Sie darauf, Ihr Pferd über den Rücken zu arbeiten, es biegsam und geschmeidig zu machen. Jederzeit sollte Ihr Pferd auf Ihre reiterlichen Hilfen durchlässig reagieren. Pferde, die im Behindertenreitsport eingesetzt werden, müssen darüber hinaus auch immer wieder korrekturgeritten werden. Scheuen Sie sich auch hier nicht, regelmäßig die Hilfe von Fachleuten einzuholen z. B. regelmäßig Unterricht zu nehmen. Sollten Sie selbst reiterlich dazu nicht in der Lage sein, (was ja keine Schande ist, vielleicht sind Sie dafür ein hervorragender Longenausbilder), suchen Sie sich einen passenden Reiter bzw. geben Sie das Pferd in Beritt. Sparen Sie auf gar keinen Fall am falschen Ende. Ihr Pferd sollte ja möglichst lange zufrieden und vor allem gesund in der

Akunjo im Spanischen Schritt.   *Übertreten auf der Zirkellinie.*

Therapie mitarbeiten. Zu oft sieht man Therapiepferde oder Ponys, mit denen Therapiearbeit auf Kosten ihrer Gesundheit gemacht wird. Ein Pferd, das fest im Rücken ist, kann keine guten Schwingungsimpulse an seinen behinderten Reiter übermitteln. Ein Pferd, das vorne stumpf geht, weil ihm beide Vorderbeine aufgrund jahrelanger Überbelastung weh tun, kann genausowenig positiv mitwirken.

Regelmäßige Gymnastizierung

Um das Pferd für die Therapiearbeit locker und geschmeidig zu behalten, achten Sie darauf, das Pferd immer wieder in Dehnungshaltung über den Rücken zu arbeiten. Lösen Sie es durch Übungen wie z. B.

- Schrittreiten
- Leichttraben in ruhigem, aber fleißigem Tempo
- Reiten auf großen, gebogenen Linien
- Übergänge (Trab, Galopp)
- Tempounterschiede im Trab/Galopp
- Schenkelweichen (z.B. an der Bande, auf der Zirkellinie)

Die Losgelassenheit Ihres Therapiepferdes erkennen Sie durch korrektes taktmäßiges Gehen, schwingenden Pferderücken, frei getragenen pendelnden Schweif, Maultätigkeit (kauen, leichte Schaumbildung) und natürlich durch einen zufriedenen Gesichtsausdruck.

Nun können Sie anfangen, die Ecken vermehrt auszureiten, Volten einzubauen, vermehrt Lektionen zu reiten, den Schwierigkeitsgrad etwas zu erhöhen und das Pferd beispielsweise auf beiden Händen im Schulterherein zu arbeiten. Leicht versammelnde Übungen wären z. B.

- **Übergänge im Arbeitstrab und Mittelschritt**
- **Tempowechsel im Trab**
- **Übergänge Arbeitsgalopp/Mittelschritt**
- **Schultervorartiges Geraderichten im Trab und Galopp**

Jederzeit sollte Ihr Pferd aber aus der gesamten Arbeit wieder „in Dehnung" zu reiten sein.

Geländereiten

Ausreiten und Übungen im Gelände

Auch wenn Sie nicht der große Geländereiter sind, Ihr Pferd wird Ihnen mehr als dankbar sein, wenn es außer seinem Stall, Halle, Platz oder Koppel auch noch etwas anderes zu sehen bekommt. Und der alte Spruch „Alles Glück der Erde liegt auf dem Rücken der Pferde" hat seine besondere Gültigkeit beim Reiten im Gelände. Für eine große Anzahl an Reitern gibt es nämlich nichts Schöneres, als hoch zu Roß die Natur zu genießen, abseits von allen Auspuffgasen den Wechsel der Jahreszeiten weit weg von jedem Streß und Ärger zu erleben. Neben den Reitern machen die Geländeritte aber auch den Pferden viel Spaß. Es ist für sie eine willkommene Abwechslung zum oft doch recht eintönigen Einerlei in der Reithalle oder auf dem Sandplatz. Das Geländereiten selbst fördert die Durchlässigketi und die Gleichgewichtshaltung des Pferdes auf natürliche Weise. Die jeweiligen Gang- und Tempoarten bestimmen zum Großteil Gelände und Witterung. Rüsten Sie Ihr Pferd für das Gelände

Die Vorwärts-Abwärts-Haltung erfordert wie die Rumpfbeuge die Streckung der Wirbelsäuke.

passend aus. Unter Umständen brauchen Sie ein Martingal, genügend Fliegenspray und Ohrenschutz, Gamaschen vorne und hinten sind ebenfalls vernünftig. Beachten Sie die Witterung: Bei schwülem, gewittrigen Wetter sind die Pferde oft nervös und hektisch, die Fliegen und Schnaken entsprechend lästig. Während des Ausrittes wird vom Pferd dabei die Gebrauchshaltung verlangt. Beim Traben wird leichtgetrabt, während beim Galopp der leichte Sitz eingenommen wird. Wichtig ist, die ersten und letzten Kilometer des Ausrittes im Schritt zu reiten. Kein Pferd sollte schwitzend im Stall ankommen. Wenn mehrere Reiter gemeinsam unterwegs sind, ist oberstes Gebot, sich nach dem schwächsten Reiter bzw. schwierigsten Pferd zu richten (egal ob jung oder unerfahren). Achten Sie darauf, in der Gruppe immer Ihre Position einzuhalten, nicht zu überholen oder zu kreuzen. Straßen überqueren Sie grundsätzlich gemeinsam, nachdem Sie sich davon überzeugt haben, daß von Seiten des Verkehrs keine Gefahr besteht. Auf der Teerstraße wird im Schritt geritten, während auf passendem Boden (Sand/Gras) getrabt oder galoppiert werden kann. Nicht immer muß ein Ausritt aber aus allen drei Grundgangarten bestehen! Genauso schön kann es sein, gemütlich im Schritt im Gelände zu bummeln, bergauf oder bergab zu klettern, die eine oder andere Wasserstelle zu durchreiten.

Die Sehnsucht eines behinderten Reiters kann sich auch im Wunsch des Geländereitens bemerkbar machen. Unter Umständen werden Sie plötzlich mit der Frage konfrontiert, ob er denn nicht auch einmal ins Gelände dürfte. Hier bieten sich verschiedene Möglichkeiten an, diesem Wunsch nachzukommen.

Geführte Ausritte

Leider sind nicht viele Behinderte in der Lage, selbständig zu reiten. Der Wunsch zum Ausreiten ist aber trotzdem sehr groß. Wenn entsprechend geschulte Pferde und Helfer sowie ein passendes Gelände vorhanden ist, besteht sicherlich – nach Abwägung aller Risiken! – die Möglichkeit, einen geführten Ausritt durchzuführen. Entweder werden Sie dies in einer Kleingruppe (ein Pferd, ein Behinderter, ein Pferdeführer, ein Therapeut) durchführen oder aber sogar mit einer Kleingruppe bestehend aus mehreren Pferden, Helfern und Behinderten. Achten Sie aber darauf, daß unbedingt Reitkappen getragen werden und Sie möglichst wenig (am besten gar nicht!) gezwungen sind, eine Straße zu überqueren.

Sollte es bei Ihnen kein entsprechendes Außengelände geben, existiert vielleicht eine sogenannte „Rennbahn" oder die Möglichkeit, Entsprechendes bei Ihnen auf dem Hof bzw. der Anlage zu errichten. D.h., daß Sie die Anlage nicht verlassen müssen, sondern innerhalb des Areals trotzdem im „Gelände" unterwegs sind. Mit Bäumen und Sträuchern geschickt angelegt, vielleicht sogar mit einem kleinen Hügel bergauf/bergab zu reiten, ist dies schon erlebnisreich genug und aus Sicherheitsgründen unter Umständen sogar vorzuziehen. Wichtig ist hierbei, daß Sie all dies mit Ihrem Therapiepferd schon mehrfach geübt haben, Ihr Pferd, wie man so schön sagt „geländesicher" ist.

Geführter Ausritt.

Ausreiten mit Handpferd

Die Arbeit mit einem Handpferd ist schon beschrieben worden. Für Ihren Behinderten, der vielleicht schon recht sicher im Sattel sitzt, Sie diesen aber vorsichtshalber doch nicht alleine reiten lassen wollen, ist dies eine Möglichkeit, mit im Gelände dabei zu sein. Die Entscheidung liegt bei Ihnen, auch ob Sie mit einem Handpferd alleine oder zusätzlich mit mehreren anderen Reitern in Form einer Gruppe ins Gelände gehen wollen. Für die Integration des Behinderten kann dies gar nicht hoch genug eingestuft werden. Während beim Ausritt mit Pferdeführern ausschließlich im Schritt gegangen wird, kann mit dem behinderten Reiter auf dem Handpferd auch (nach Möglichkeit und Können) die Gangart Trab oder Galopp eingeschlagen werden. Aber nicht die Gangart, sondern das Erlebnis mit dem Pferd in der Natur ist das Entscheidende! „Das Pferd, das meine fehlenden Beine ersetzt!", ein Ausspruch eines behinderten Reiters, der mit seinem Rollstuhl nie oder nur schwerlich dort hinkommen würde, wo ihn das Pferd hinträgt.

Abwechslung und Ausgleich des Therapiepferdes

Wie eingangs schon erwähnt, wird die Schwerpunktarbeit unseres Therapiepferdes in der Reithalle, weniger auf dem Platz stattfinden. Umso besser ist es, wenn unser Pferd zu seinem körperlichen aber auch psychischen Ausgleich die Möglichkeit bekommt, unter entsprechenden nichtbehinderten Reitern ins Gelände gehen zu dürfen. Man merkt es den Tieren richtig an, wieviel Spaß und Freude sie daran haben, endlich einmal nicht in der Enge der Bahn oder Halle gehen zu müssen. Vielen zeigen Temperament und einen Vorwärtsdrang, sind manchmal fast nicht wiederzuerkennen. So schön das ganze aber auch ist, hier liegt jedoch auch die Gefahr des Geländereitens. Erziehen Sie sich Ihr Pferd nicht zum „Pullen", indem Sie immer wieder die gleichen Strecken galoppieren. Variieren Sie immer wieder in Ihrer Streckenführung. Verlangen Sie von Ihrem Pferd im Gelände niemals eine Dressurhaltung, lassen Sie es in natürlicher Haltung und mit leichter Anlehnung während des Ausrittes gehen. Denken Sie daran, ein Ausritt ausschließlich im Schritt kann auch sehr viel Freude bringen.

Springen

Freispringen

Sicherlich werden Sie über diesen Punkt etwas staunen. Wieso soll denn unser Therapiepferd freispringen? Springen ist etwas, das wir bei uns in Deutschland im Behindertensport nicht kennen. Sicherlich gibt es den einen oder anderen leicht körperbehinderten Reiter, der mit seinem Pferd springt oder an einer Jagd teilnimmt. In der Regel wird dieser Reiter aber nicht bei uns in der Reittherapie sein. Und trotzdem ist es für die vielseitige Ausbildung unseres Pferdes oder Ponys bzw. auch für das abwechslungsreiche Training von Vorteil. Neben der dressurmäßigen Arbeit unseres Therapiepferdes hat das Freispringen den Vorteil, daß es die Losgelassenheit, Geschmeidigkeit, Beweglichkeit und damit auch die Ausstrahlung des Pferdes positiv beeinflussen kann. Das Pferd lernt dabei auch, sich mit verschiedensten Hindernismaterialien auseinanderzusetzen, lernt Abstände zu taxieren, beginnt Rhythmusgefühl zu entwickeln. Für die Verbesserung der Galoppade ist das Freispringen hervorragend geeignet.

Voraussetzung ist jedoch absolute Ruhe und mindestens zwei, besser sogar drei Personen, die in der Halle als Team zusammenarbeiten. Was und wie in der Hindernisreihe aufgebaut wird, hängt natürlich vom Alter und Ausbildungsstand des Pferdes ab. Unterschieden werden muß auch nach Groß- bzw. Kleinpferden, bzw. der jeweiligen Galoppade. Ein Pony mit 1,35 m Stockmaß benötigt andere Abstände als ein Großpferd mit 1,75 m Stockmaß! Variieren Sie daher beim Aufbau, passen Sie die Abstände entsprechend an. Sie sollen immer so gewählt sein, daß das Pferd aus einem ruhigen Galopptempo problemlos und ohne jede Angst und Verkrampfung springen kann. Beginnen Sie am Anfang Ihrer Reihe immer mit einem oder sogar zwei kleinen einladenden Sprüngen. Diese können als In-out oder als Kombination mit einem Galoppsprung gestellt sein. Sie dienen dazu, das Pferd in einen gleichmäßigen Rhythmus zu bringen und ihm damit das flüssige Überwinden der weiteren Hindernisreihe zu erleichtern.

Zum Freispringen selbst sollte Ihr Pferd mit einem Halfter oder auch auf Trense (mit ausgeschnallten Zügeln) gezäumt sein. Wenn Sie das Pferd in die Reihe führen, sollten Sie einen Strick verwenden, der mit einer offenen Schlaufe am Halfter oder zwischen beiden Trensenringen gelegt wird. Führen Sie bitte nicht nur am inneren Trensenring. Dies hat den Nachteil, daß das Gebiß leicht nach innen herausgezogen werden kann. Daß das Pferd vorne Gamaschen, nach Bedarf auch hinten, tragen sollte, versteht sich von selbst. Voraussetzung beim Freispringen ist ein gelöstes Pferd. Daher sollten Sie Ihr Pferd entweder ablongieren oder entsprechend lange ausreichend freilaufen lassen. Zeigen Sie Ihrem Pferd vor Beginn die Hindernisse, fangen Sie am Anfang ganz klein an (mit am Boden gelegten Stangen, später kleinen Kreuzen) und behalten Sie immer die Ruhe. Achten Sie auch darauf, daß Ihre Zuschauer sich ebenfalls leise und ruhig verhalten. Lautes Gegröle und Gelächter hat auf der Tribüne nichts verloren. Ihr Pferd soll Spaß und Freude am Freispringen haben.

Cavalettiarbeit und Springgymnastik

Die Fortführung bzw. Ergänzung zum Freispringen ist das Springen unter dem Reiter. Vielleicht wollen Sie in Ihrem Therapiestall für die jugendlichen Helfer einmal einen Pony-Springkurs organisieren oder den Reiter-Paß ablegen lassen. Sind Ihre Pferde bzw. Ponys an Hindernisse gewöhnt, dürfte dies kein größeres Problem darstellen. Auch hier geht es nicht um das Überwinden von gigantischen Höhen oder großen sportlichen Ehrgeiz, sondern einzig und allein darum, das Pferd zusätzlich zur Arbeit auf ebenem Hufschlag zu gymnastizieren und damit die Muskulatur, Elastizität und Geschmeidigkeit zu verbessern. Die reiterlichen Kriterien wie das korrekte Einhalten von Takt und Rhythmus, sicheres An-den-Hilfen stehen gelten auch in der Springgymnastik. Hierbei können Sie unterscheiden zwischen dem Reiten von Einzelsprüngen und dem Reiten von Hindernisreihen. Reiten Sie das ganze aber nicht zu oft, das Pferd soll wie selbstverständlich losgelassen, flüssig und in gleichmäßigem Rhythmus springen. Beenden Sie immer positiv. Versuchen Sie abwechslungsreich aufzubauen, Ihr Pferd aber nicht zu überfordern. Vermeiden Sie Einseitigkeit und lassen Sie sich bei auftretenden Problemen von einer Fachkraft helfen!

Voltigieren

Voltigieren ist eine Sportart, die im Therapiebereich immer mehr an Bedeutung gewonnen hat. Durch die Zunahme von Verhaltensstörungen bei Kindern und Jugendlichen ist man auf das Voltigieren aufmerksam geworden. Es bietet eine gute Voraussetzung, die soziale Entwicklung zu korrigieren bzw. zu verbessern. Voltigieren ist ein Gruppensport. Selbstvertrauen und Mut können hier aufgebaut und weiter konditioniert werden. Gruppendynamische Prozesse laufen hierbei ab, das Pferd ist „Medium" dazu. Nicht jedes Pferd ist aber zum Voltigieren geeignet und nicht jedes Voltigierpferd zum Arbeiten mit verhaltensgestörten Kindern. Neben einem guten Charakter, Gehorsam und einer guten Longierausbildung muß es auch über ein gutes Gleichgewicht, Galoppiervermögen, einen relativ unempfindlichen Rücken und natürlich auch gesunde Beine besitzen. Zunächst müssen Sie sich darüber im klaren sein, für welchen Zweck Sie Ihr Therapiepferd im Voltigieren einsetzen möchten. Soll es ein

Ausrüstung des Voltigierpferdes

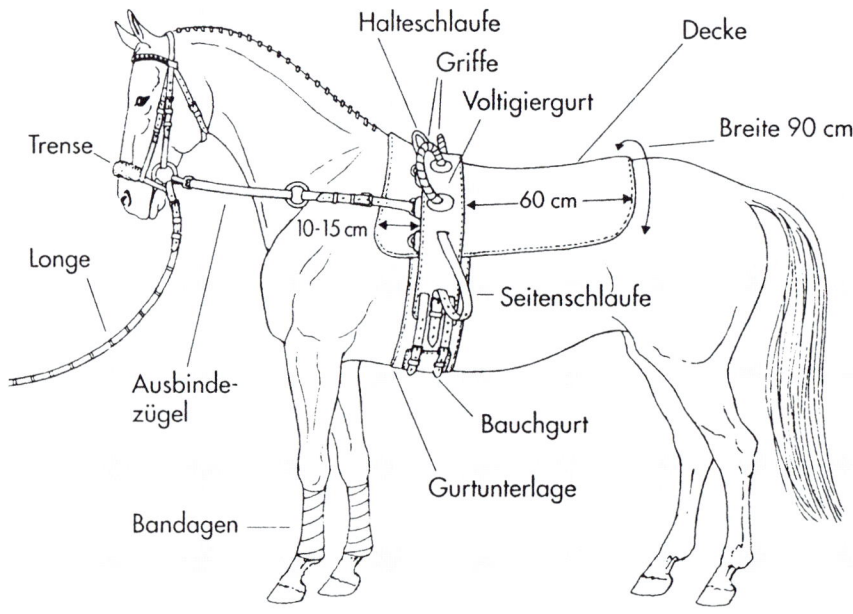

Trense · Halteschlaufe · Griffe · Voltigiergurt · Decke · Breite 90 cm · 60 cm · 10-15 cm · Longe · Seitenschlaufe · Ausbindezügel · Bauchgurt · Gurtunterlage · Bandagen

Quelle: Richtig Voltigieren, BLV Verlag.

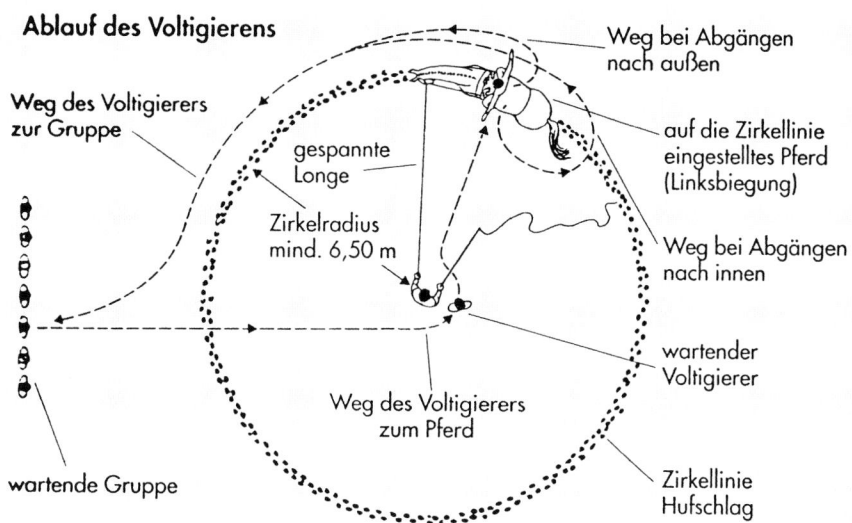

Ablauf des Voltigierens

Weg bei Abgängen nach außen

Weg des Voltigierers zur Gruppe

gespannte Longe

auf die Zirkellinie eingestelltes Pferd (Linksbiegung)

Zirkelradius mind. 6,50 m

Weg bei Abgängen nach innen

wartender Voltigierer

Weg des Voltigierers zum Pferd

wartende Gruppe

Zirkellinie Hufschlag

Quelle: Richtig Voltigieren, BLV Verlag.

Pferd für Anfänger, für Fortgeschrittene, für Kinder oder Jugendliche, für Einzel- oder Gruppenvoltigieren sein? Möchten Sie Freizeit- oder vielleicht sogar später einmal Wettkampfsport anstreben? Soll es für integrative Gruppen, reine Schrittgruppen oder Spielgruppen sein?

Entsprechend unterschiedlich wie die Zielsetzung wird auch die Ausbildung sein müssen. Grundvoraussetzung ist jedoch ein korrekt und sicher an den Longierhilfen stehendes Pferd, egal ob nun in der Schrittgruppe eingesetzt oder in allen drei Grundgangarten bzw. Schwerpunkt Galopp. Auch das „Voltigierpferd" muß mindestens fünf Jahre alt sein und sollte unter dem Sattel den Anforderungen der Klasse „A" entsprechen.

An der Longe soll unser „Voltigierpferd" lernen:

> **aus dem Schritt:** Antraben, angaloppieren, entsprechendes durchparieren (natürlich auch zum Halten)
>
> **aus dem Trab:** Angaloppieren, durchparieren zum Schritt und auch Halten
>
> **aus dem Galopp:** Wechsel Trab-Galopp, Galopp-Trab, durchparieren zum Schritt und Halten
>
> **Gleichmäßig und taktmäßig auf der Zirkellinie in allen drei Grundgangarten laufen,**
>
> **mit ganzen Paraden durchparieren**

Nach erfolgter Longenausbildung, in der Sie das Pferd auch mit der Voltigierausrüstung (Gurt, Decke, Ausbinder) vertraut gemacht haben, es sicher an den Hilfen steht, geht es nun ans sogenannte „Einvoltigieren".

Das Pferd soll dabei lernen:

> **Gleichmäßig im Schritt, Trab oder Galopp weiterzugehen, wenn die Voltigierer anlaufen, später auf- und abspringen**

> **Das Gewicht von mehreren (max. drei) Voltigierern mit den jeweiligen Gewichtsverlagerungen auszubalancieren und zu tragen**

> **Mehrere Minuten (max. 12 – 15 Min.) unter Gewichtsbelastung zu galoppieren**

> **Im Halten ruhig stehenzubleiben, wenn die Voltigierer darauf üben.**

> **Bei Spielgruppen, in denen mit optischen Hilfsmitteln und Gegenständen gearbeitet wird, sollen dem Pferd Bälle, Reifen, Schaumstoffwürfel usw. vertraut gemacht werden. Auch Bewegungsspiele, bei denen die Kinder laufen, hüpfen, in die Hände klatschen, müssen trainiert werden.**

Absoluter Gehorsam des Pferdes ist Grundvoraussetzung für die Sicherheit Ihrer Voltigierer, denn als Longenführer müssen Sie sich auf das Pferd, die Voltigierer und natürlich die Übungen gleichzeitig konzentrieren. Bei der Ausbildung dürfen hierbei also keinerlei Abstriche gemacht werden. Die Ausbildung sollte man jedoch individuell auf das Pferd und den späteren Einsatzbereich abstimmen.

Turniervorstellung und Schauvorführungen

Bei Pferden, die im Behindertenreitsport eingesetzt werden, ist „Turnier-Sicherheit" notwendig, um den behinderten Reiter guten Gewissens starten lassen zu können. Bevor ein behinderter Reiter mit dem Pferd in das Turniergeschehen einsteigt, müssen Sie als sein Ausbilder wissen, wie sich das Pferd am Turnier verhält. Leider erlebt man immer wieder, daß ein behinderter Reiter mit einem „turnier-unerfahrenen" Pferd an den Start geht. Mehrmals kann ich mich erinnern, daß Pferd und Reiter abrupt das Dressurviereck verlassen haben, auf dem Hängerparkplatz wie eingefangen wurden, durch den Misthaufen der Reitanlage zum Halten kamen, steigenderweise im Viereck herumsprangen oder das Pferd außerhalb der Kontrolle des behinderten Reiters war. Ich kenne auch Fälle, in denen der Pferdebesitzer sich nicht traute, mit seinem Pferd auf dem Turnier zu reiten, es aber dem behinderten Reiter "gönnerhaft" zur Verfügung stellte, um später nach dem "Chaos" diesem dann die größten Vorhaltungen zu machen. Aus diesem Grunde, gehen Sie bitte selbst oder suchen Sie sich einen guten Reiter, der mit Ihrem Pferd mehrmals auf Turniere geht. Unter „sicherer Führung" lernt es die Turniersituation kennen, das Verhalten auf den Abreiteplätzen, verschiedene Hallen und Dressurvierecke, den Transport hin und zurück und vieles mehr. Haben Sie dann eines Tages einen „Routinier", können Sie ihn unbesorgt zur Verfügung stellen, auch wenn dies immer noch keine hundertprozentige Gewährleistung ist. Das Gleiche gilt auch für Schauvorführungen, die in der Regel vor einem großen Publikum stattfinden. Die Situation in einer Halle, mit der Bitte um absolute Ruhe während der Vorführung, ist eine gänzlich andere als z. B. im Olympia-Reitstadion in München-Riem. Bereiten Sie Ihr Pferd entsprechend vor, trainieren Sie Geräusche wie z. B. Klatschen der Zuschauer, laute Lautsprechermusik. Machen Sie das Pferd mit der Umgebung genügend vertraut. Jeder Veranstalter wird vollstes Verständnis haben, wenn Sie darum bitten, vorher einmal auf dem Platz oder in der Halle geritten zu sein.

Laufende Arbeit

Gymnastizierung

Die Gymnastizierung ist das „A" und „O" unseres Therapiepferdes, gleichgültig, in welchem Bereich es jetzt nun eingesetzt ist. Leider ist dies aber genau der Punkt, der selten genug zu beobachten ist. Oftmals wird das Pferd mehr recht als schlecht ausgebildet, nicht immer verantwortungsbewußt genug eingesetzt, meist durch zu viele Therapiestunden oder zu schwere Behinderte überbeansprucht und läuft dann ohne jede Rückentätigkeit heillos auf der Vorhand mit schleppender Hinterhand seine Runden.

Achten Sie darauf, zu der Therapiearbeit Ihr Pferd so vielseitig wie möglich zu arbeiten und körperlichen sowie psychischen Ausgleich zu schaffen. Es immer wieder von einem guten Reiter über den Rücken zu arbeiten, Verspannungen gar nicht erst aufkommen zu lassen bzw. diese sofort zu beseitigen. Haben Sie keinen passenden Reiter zur Verfügung, können Sie dies auch über qualitativ gute Longenarbeit erreichen. Ausreiten im Gelände mit viel bergauf/bergab kann dabei ebenfalls hilfreich sein.

Gehorsamsübungen

Überprüfen Sie bitte immer wieder den Grundgehorsam Ihres Pferdes. Sei es nun am Führzügel, Langzügel, unter dem Sattel, an der Longe. Stellen Sie während des Arbeitens fest, daß Ihr Pferd nicht mehr so sicher an den Hilfen steht, wie Sie es bisher gewohnt waren, dann legen Sie sofort einige Übungseinheiten fest. Überdenken Sie aber auch, wie Sie Ihr Pferd einsetzen, vielleicht will es Ihnen auch eine gewisse Überforderung signalisieren. Wenn Sie sicher sind, daß dies nicht der Grund ist, dann „erwarten" Sie von Ihrem Pferd wieder den bisherigen Gehorsam und vertiefen Sie dies mit entsprechenden Übungen, wie Sie sie aus dem Training Ihres Pferdes kennen.

Abwechslung

Dies ist auch ein Punkt, der oft zu wenig beachtet wird. Bieten Sie Ihrem Pferd die entsprechende Abwechslung an. Je vielseitiger sein Wochenplan aussieht, umso weniger kann eine einseitige Überbelastung oder auch Abstumpfung des Pferdes entstehen. Das Pferd sollte so lange wie möglich zuverlässig und interessiert in der Therapie mitarbeiten. Es

„Ich geb Dir einen Würfel".

„Ach Woody, den Würfel
kennst Du doch schon
soo lange!"

Die Erdanziehung war stärker.
Beim Aufheben war einen Blick
auf das Pferd gerichtet.

„Woody, da müssen wir Dich
doch mal ganz feste loben, so toll,
wie Du immer mitarbeitest!"

gibt einige Therapiepferde, die nach vielen Jahren Therapietätigkeit auch mit 20 oder sogar 24 Jahren noch im Einsatz sind. Achten Sie darauf, daß Ihr Pferd auch immer genügend Zeit zum Ausspannen und Abschalten hat, sei es auf der Koppel/Paddock oder auch zu Ruhezeiten in seiner Box.

Weitere Ausbildung

Auch wenn Sie mit sich und Ihrem Pferd hochzufrieden sind, tut es doch ganz gut, sich selbst bzw. sein Pferd hin und wieder überprüfen und korrigieren zu lassen. Sei es nun, daß Sie einen Reitkurs belegen, einen Ausbilder zu einem Workshop zu sich auf die Anlage einladen oder regelmäßig Korrekturberitt für Ihr Pferd belegen. Die meisten Fehler schleichen sich ganz langsam ein und sind oft nur schwer zu korrigieren. Versuchen Sie, so etwas gleich im Keim zu ersticken, indem Sie offen sind für konstruktive Kritik und Weiterbildung bei sich oder Ihrem Pferd. Informationen darüber erhalten Sie bei den jeweiligen Reit- und Zuchtverbänden bzw. bei den Landesreit- und Fahrschulen. Auch in den spezifischen Fachzeitschriften werden immer wieder zu den unterschiedlichsten Themen Lehrgänge ausgeschrieben, in der Regel auch zu ganz humanen Preisen.

Einsatzmöglichkeiten des Therapiepferdes

Sicherlich hat sich die eine oder andere Person schon länger mit dem Pferd als Hilfsmittel für behinderte Menschen beschäftigt, aber „Reiten als Therapie" gibt es offiziell erst seit dem Jahr 1960. Außer in Deutschland begann man auch in England und den Skandinavischen Ländern mit dem Therapeutischen Reiten. Die Dachorganisation des Therapeutischen Reitens in Deutschland (das Kuratorium für Therapeutisches Reiten DKTHR) wurde erst am 25. November 1970 gegründet.

Therapeutisches Reiten

MEDIZIN

Hippotherapie

PFERD

SPORT

Reitsport für Behinderte

Heilpädagogisches Voltigieren Reiten

PÄDAGOGIK

Maßgeblich beteiligt war hier das oben genannte Kuratorium. Die Konzeption, den Einsatz des Pferdes in die drei Bereiche Medizin, Pädagogik und Sport einzuordnen, hat sich als gute Grundlage für weitere Entwicklungen erwiesen und ist mittlerweile auch international anerkannt worden. Die inzwischen auch international übernommene graphische Darstellung des Therapeutischen Reitens hat die Bedeutung eines Signets erlangt: Drei Kreise, in deren Mittelpunkt das Pferd gedacht ist, verdeutlichen mit ihren Überschneidungen Übergänge und Abgrenzungen. Sie zeigen jedoch auch, daß jeder Bereich eigene Inhalte hat und doch sich die Bereiche berühren bzw. sogar ergänzen.

Hippotherapie (Medizin/Psychotherapie)

Definition:

Es ist die krankengymnastische Übungsbehandlung auf dem Pferd
- vorwiegend in der Grundgangart „Schritt" ausgeführt
- Ausnutzung der vom Pferd ausgehenden dreidimensionalen
- Schwingungsimpulse
- Behandlungsmethode auf neurophysiologischer Grundlage

Dressuraufgabe Behindertensport

Klasse III: Aufgabe 1 (1993)

Schritt, Tab und Galopp

			max. erreichbare Wertnote
1	A	Einreiten im Mittelschritt	10
	X	Halten, Grüßen	
		Anreiten im Mittelschritt	
2	C	Linke Hand	10
	HEKA	Arbeitstrab	
3	A	Auf dem Zirkel geritten (20 m Ø)	10
		vor A links angaloppieren	
		Ganze Bahn	
4	AFBM	Arbeitsgalopp	10
	M	Arbeitstrab	
5	MCHKA	Arbeitstrab	10
	A	Mittelschritt	
6	B	Links um	10
	X	Halten, 6 sec Unbeweglichkeit	
7	E	Rechte Hand	10
	HCMFA	Arbeitstrab	
8	A	Auf dem Zirkel geritten (20 m Ø)	10
		vor A rechts angaloppieren	
		Ganze Bahn	
9	AKEH	Arbeitsgalopp	10
	H	Arbeitstrab	
10	HCMF	Arbeitstrab	10
	A	Auf die Mittellinie abwenden	
11	X	Mittelschritt	10
	G	Halten, Grüßen	
		Viereck am langen Zügel bei A verlassen	
12		Gangarten (Raumgriff und Regelmäßigkeit)	10
13		Schwung (Vorwärtstendenz, Elastizität der Bewegung, Engagement der Hinterhand)	10
14		Durchlässigkeit (Aufmerksamkeit und Gehorsam, Leichtigkeit und Harmonie der Bewegungen, Anlehnung)	10 x 2
15		Reiterliches Gefühl und Einwirkung des Reiters, Korrektheit	10 x 2

Quelle: Intern. Paralympic Equestrian Committee (IPEC)

Patricia Seeor während der
Bayerischen Meisterschaft 1998.

Zielgruppen:
- Kranke und/oder behinderte Menschen, die eine medizinische
  Behandlung benötigen (Therapie, vom Arzt verordnet)
- vorwiegend auf körperliche Erkrankungen ausgerichtet

Indikationen/Zielsetzungen:
- Multiple Sklerose
- spinale Lähmungen
- Gliedmaßenmißbildungen
- Haltungsschäden
- bestimmte psychiatrische Erkrankungen
- Cerebrale Bewegungsstörungen
- Querschnittslähmungen und noch vieles mehr

Die Hippotherapie entspricht der medizinischen Anwendung des Pferdes im Sinne einer besonderen krankengymnastischen Behandlungsmaßnahme, die ärztlich verordnet und überwacht wird. Sie ist Bestandteil und kann auch Ergänzung eines speziellen krankengymnastischen Behandlungskonzeptes sein. Sehr oft stellen wir eine gewisse "Therapiemüdigkeit" bei den Patienten fest, die durch das „Medium Pferd" wieder neue Impulse bringen kann. Das Pferd als „Übungsgerät" vermittelt Freude, Erfolgserlebnisse, Lustgewinn und führt zu positiven Einzel- und Gruppenerfahrungen. Es führt zu einer neuen Motivation für die doch so notwendigen Übungsbehandlungen. Dabei ist es unbedingt notwendig, das individuelle therapeutisch wirksame Belastungsmaß zu finden und entsprechend zu berücksichtigen. Entscheidend im Rahmen der Hippotherapie ist auch, das passende Pferd für den Behinderten zu finden. So können sich Bewegungsabläufe und die daraus doch sehr unterschiedlichen Schwingungsimpulse bei einem Patienten positiv herausstellen, während sie bei einem anderen eher negativ wirken. Die Hippotherapie wird in der Regel ausschließlich als Einzelbehandlung ausgeführt. Aus Gründen der Sicherheit sollte sie immer in einem geschlossenen Raum, sprich Reithalle stattfinden. Dort, wo dies leider nicht gegeben ist, muß für größtmögliche Sicherheit gesorgt werden! Durchgeführt wird die Hippotherapie von einem ausgebildeten Physiotherapeuten mit Zusatzausbildung im Bereich „Hippotherapie" und mit entsprechendem Hilfspersonal als Unterstützung (Pferdeführer, Helfer).

Die in diesem Bereich eingesetzten Pferde müssen alle sicher am Führ- bzw. Langzügel gehen können. Therapietreppen- bzw. -Rampensicherheit ist Grundvoraussetzung für die Arbeit in der Hippotherapie. Das Pferd darf es nicht stören, wenn zwei Personen (eine links, eine rechts) seitlich von ihm mitgehen. Das Pferd muß es auch tolerieren, daß Schwerbehinderte unter Umständen zu weit hinten aufsitzen, dort vielleicht bleiben müssen und damit leider nicht optimal für das Pferd zum Sitzen kommen. Der Therapeut hat seinem Pferd gegenüber die Verantwortung, es nicht überzubelasten, sei es im psychischen wie im physischen Sinne.

Heilpädagogisches Voltigieren und Reiten
(Pädagogik, Psychologie, Psychotherapie):

Definition:
- Pädagogische und/oder psychologische Einzel- bzw. Gruppenmaßnahmen
- Pferd dient als „Medium" für Initiation von positiven Verhaltensänderungen

Zielgruppen:
- geistig behinderte Kinder, Jugendliche oder Erwachsene
- psychisch kranke Menschen
- Lernbehinderte
- Verhaltensauffällige Menschen

Indikationen/Zielsetzungen:
- Umgang mit Ängsten
- Bildung und Aufbau von Vertrauen
- Steigerung des Selbstwertgefühls
- Förderung bei Konzentrationsstörungen
- Umgang mit Antipathien
- Aggressivitätsabbau
- Einstellung auf einen oder mehrere Partner
- Ablauf von gruppendynamischen Prozessen kennenlernen

Rosita Löwenthal.

Klaus Fink und Stefan Kleekmann

Weltmeisterschaft 1994 in Hartpury, Großbritannien.

Das Heilpädagogische Voltigieren und Reiten stellen Maßnahmen dar, die zunehmend in der Pädagogik, Psychologie und auch in einigen Bereichen der Psychiatrie Eingang gefunden haben. Sie werden nicht nur bei Kindern und Jugendlichen, sondern immer mehr auch bei Erwachsenen eingesetzt. Wegen seiner besonderen Eigenschaften ist das Pferd als Medium geschätzt und kann bei sachgemäßem Einsatz häufig bessere Erfolge erzielen als bei vielen herkömmlichen Methoden. Wenn beispielsweise eine ängstliche Gehemmtheit vorliegt, kann diese durch positive Erfahrungen mit dem Lebewesen Pferd und dem sich daraus entwickelnden Vertrauen gelockert und langsam abgebaut werden.

Sehr oft wurde beobachtet, daß kontaktgestörte Kinder und Jugendliche durch die entstandene Bindung zum Pferd plötzlich ein neues vertrauensvolles Verhältnis zu Ihresgleichen aufbauen konnten. Bei hyperaktiven Kindern, häufig sind diese auch hirnorganisch geschädigt, fängt das Pferd den motorischen Überschuß auf und trägt dazu bei, ihn in bessere, geordnetere Bahnen zu lenken. Bei aggressiven Patienten wurden ähnliche Beobachtungen gemacht. Oftmals ist ein gestörtes oder auch nicht vorhandenes Selbstwertgefühl die Ursache für gestörte Verhaltensweisen. Das Pferd in seiner Vorurteilsfreiheit hilft auch hier, fordert aber auch, daß der Patient sich auf das Tier einstellt und sich ihm gegenüber tiergerecht verhält. In der Regel wird das Heilpädagogische Voltigieren bzw. Reiten in Gruppenarbeit durchgeführt, um das Zusammensein mit anderen Personen zu erleben und zu erfassen. Die gruppendynamischen Prozesse, die hierbei ablaufen, stimulieren und formen die Persönlichkeit. In der Regel gehört zum „Stundenplan" nicht nur das Reiten bzw. Voltigieren, sondern auch das Vor- und Nachbereiten des Pferdes, kleinere Stallarbeiten, Pferde von der Koppel holen oder bringen, Voltigierzirkel rechen und noch manches mehr. Auch hier führt eine Fachkraft aus dem pädagogischen und psychologischen Bereich mit entsprechender Zusatzausbildung die „Behandlung" durch. Entsprechend geschultes Helferpersonal unterstützt dabei. Das Pferd, das hierbei zum Einsatz kommt, muß den üblichen Grundsätzen des Reitsportes bzw. des Voltigiersportes entsprechen. Als Reitpferd soll es als Lehrpferd einsetzbar sein und muß einen hohen Toleranzbereich mitbringen. Als Voltigierpferd ist Gehorsam an der Longe Grundvoraussetzung für den Einsatz.

76 **Reiten als Sport für Behinderte (Rehabilitations-, Breiten-, Leistungssport)**

Definition:
- Ausübung des Reitsports im allgemeinen gesehen
- als sportliche Disziplin
- zur Rehabilitation als Breiten-, Freizeit-, aber auch Leistungssport

Zielgruppen:
alle behinderte oder auch kranke Menschen, die in der Lage sind, selbständig auf dem Pferd zu sitzen und auf dieses einzuwirken (unter Umständen auch mit entsprechenden kompensatorischen Hilfsmitteln)

*Weltmeisterschaft 1994
in Hartpury, Großbritannien.*

Indikationen/Zielsetzungen:
- Freizeitgestaltung
- Integration des Kranken oder Behinderten
- Förderung der Persönlichkeit
- Erhaltung, aber auch Steigerung der körperlichen Fitness
- Rehabilitation

Mit dem Behindertenreitsport kommt der Behinderte in einen Bereich, der bisher nur Nichtbehinderten zugänglich war. Es wurde jedoch festgestellt, daß viele behinderte Menschen in der Lage sind, das Reiten zu erlernen und sich auch so sportlich betätigen zu können. Für den an den Rollstuhl gefesselten Behinderten kann es die Möglichkeit sein, eine Beweglichkeit zu erlangen (durch „die vier Beine des Pferdes"), die er sonst ja nicht hätte. Für einen blinden Reiter kann das Pferd mit seinen Augen helfen, zu sehen. Im Behindertenreitsport müssen wir wieder klar unterscheiden zwischen Freizeit- bzw. Wettkampfsport.

Viele Behinderte freuen sich auf ihre wöchentliche Reitstunde. Dies ist für sie Ausgleich und Freizeitvergnügen zur täglichen Arbeit, nicht anders als bei Nichtbehinderten. Der eine oder andere strebt aber vielleicht ein bißchen mehr an, will regelmäßig trainieren und an Wettkämpfen teilnehmen. Dies unter Umständen nicht nur in reinen Behinderten-Prüfungen, sondern auch im Regelsport.

Im Bereich des Behinderten-Dressursportes hat sich in den vergangenen Jahren sehr viel getan. Im Bundesland Bayern wurde eine Bayerische Meisterschaft eingeführt, Internationale Grenzlandturniere unter der Federführung der leider zu früh verstorbenen Brigitte Müller, veranstaltet. International wurden schon mehrfachst Weltmeisterschaften ausgetragen. 1996 war es dann zum ersten Mal soweit: „Reiten" war Testdisziplin bei den „Paralympics 1996" in Atlanta/USA. Aufgrund der guten Erfahrungen wurde die Sportart „Reiten" auch für Sidney 2 000 wieder eingeplant. Ein toller Erfolg für all diejenigen die hier so maßgeblich über Jahre hinaus mitgewirkt haben. Der Behindertenreitsport mit seinen integrativen Turnieren und Schauvorführungen demonstriert immer wieder, zu welch hervorragenden Leistungen Körperbehinderte fähig sind. Auch für diesen Bereich werden speziell ausgebildete Fachkräfte benötigt. Es sind geprüfte Reitausbilder mit einer entsprechenden Zusatzqualifikation.

Die Pferde, die in diesem Bereich eingesetzt werden, müssen in der Regel behindertenspezifisch ausgewählt werden. Alle müssen jedoch eine gute sichere Grundausbildung vorweisen können und korrekt an den Hilfen stehen. Pferde, die nicht scheusicher sind oder Charaktermängel aufweisen, können im Behindertenreitsport leider nicht verwendet werden. Sinnvoll ist es, wenn das Pferd immer wieder von einem Nichtbehinderten korrekturgeritten bzw. vor dem Aufsitzen des Behinderten abgeritten wird.

Integrativer Freizeit und Breitensport

Reit- und Voltigiergruppen

Bei der Ausbildung eines Behinderten im Reiten sollte nach Möglichkeit nichts „schiefgehen", wie man so schön sagt. Reitgruppen, in denen ein behinderter Reiter nach erfolgter Einzelschulung integriert wird, können hierbei sehr hilfreich sein. Sei es nun, daß der Herdentrieb der Pferde in einem gewissen Rahmen „positiv" verwendet werden kann, ein Führpferd („vorausgehendes Pferd") eine große Hilfe darstellt oder auch eine Gruppe als solches mentale Unterstützung geben kann. Voraussetzung ist neben den entsprechenden Pferden und der räumlichen Gegebenheiten der erfahrene Ausbilder, der sein Hauptaugenmerk auf den behinderten Reiter richten muß, jedoch auch die Nichtbehinderten entsprechend fördern soll. Dem Reitausbilder sollte auch immer ein Helfer zur Verfügung stehen, der im Falle des Falles hilfreich einspringen kann. Für den behinderten Reiter ist die Teilnahme an einer Gruppenstunde Freizeitvergnügen und Ausgleich zu seinem sonstigen, evtl. beruflichen

Wir üben mit bunten Reifgen für eine Vorführung.

Tagesablauf. Zusammensitzen in gemütlicher Runde, wie es danach oft die Regel ist, dient ebenfalls der Integration und der Entspannung.

Integrative Voltigiergruppen dienen ebenfalls dem gemeinsamen Miteinander. Gruppendynamische Prozesse, die hier ablaufen, können sich auch positiv auf unser behindertes Kind, auf unseren Jugendlichen auswirken. Und warum soll nicht auch einmal ein behindertes Kind in einer Paarübung (z. B. Grundsitz/Stehen) Stütze sein für einen Nichtbehinderten. Gemeinsam können auch Voltigierspiele durchgeführt werden in Abstimmung mit dem jeweils Behinderten, je nach seinen Möglichkeiten. Bei verhaltensgestörten Kindern ist der Voltigiersport sehr hilfreich. Sie merken sehr schnell, daß sie eben z. B. bei Paarübungen aufeinander angewiesen sind, keiner ohne den anderen auskommt. Wenn hier nicht miteinander gesprochen, aufeinander eingegangen wird, jeder seine Grenzen klar erkennt und auch beim anderen lernt, zu respektieren, ist ein „Voltigieren" nicht möglich. Auch beim gemeinsamen Vor- und Nachbereiten des Pferdes kann ein behindertes Kind im Rahmen seiner Möglichkeiten mit agieren. Verhaltensgestörte Kinder lernen in der Regel sehr schnell, daß sie beim Pferd bzw. bei den restlichen Gruppenmitgliedern „anecken" und lernen, sich anzupassen.

Geführte Ausritte

Auch wenn das Reitkönnen noch nicht oder vielleicht auch nie ausreichen wird, besteht bei entsprechenden Voraussetzungen (Pferde, Helfer, Umgebung) sicherlich die Möglichkeit, mit behinderten Menschen ins Außengelände zu gehen. Beginnen Sie Stück für Stück, z. B. indem Sie das Pferd erst einmal neben der Reithalle auf einem Platz führen. Vielleicht steht Ihnen auch eine „Rennbahn", „Ovalbahn" zur Verfügung, was natürlich optimal wäre, alleine dies ist ja schon Erlebnis genug. Aus Sicherheitsgründen verzichten Sie neben dem Pferdeführer auch nicht auf einen Helfer, der zur Sicherheit neben dem Pferd hergeht. Ist Ihr Reiter aber fit genug, dann können Sie natürlich auch einen vom Pferd aus geführten Ausritt unternehmen. Sichern Sie Ihren behinderten Reiter über einen Führzügel. Ist er aber routiniert und sicher genug, werden Sie später (oder auch generell) darauf verzichten können. Der Zeitraum eines Ausrittes ist immer abhängig zu machen vom Leistungsvermögen des behinderten Reiters. Ein Ausritt wird sich in der Regel auf circa ein bis zwei Stunden beschränken. Daß die dafür verwendeten Pferde geländesicher sein müssen, versteht sich eigentlich von selbst.

Wanderritte

Wenn kurzzeitige Ausritte nicht mehr genügen, die Umgebung schon bekannt ist, wäre dies eine willkommene Steigerung. Wanderritte werden von entsprechenden Berittführern organisiert, von Freizeitreiter-Vereinigungen veranstaltet oder auch privat unternommen. Sie können als Tages- oder auch als Mehrtagesritte durchgeführt werden. Da man die Anstrengung, die Mehrtagesritte mit sich bringen, nicht unterschätzen darf, sollte man sich und sein Pferd entsprechend darauf vorbereiten. Mehrere kleine Tagesritte können z. B. ein gutes Training für einen geplanten längeren Ritt sein. Wichtig ist auch, genau die Tour zu planen, Übernachtungen zu organisieren (für Reiter und Pferd!) und sich auch Gedanken zu machen, was passiert, wenn wir ein Hufeisen verlieren?! Informationen erhalten Sie hier in der entsprechenden Fachliteratur bzw. bei Kursen und Seminaren.

Reiterspiele, Reiter- und Voltigierfeste

Ein Ziel vor Augen zu haben, sich auf etwas freuen zu können, ist auch etwas, das für

unseren behinderten Reiter oder Voltigierer eine wichtige Sache ist. Wieviel Freude macht es doch und wie aufregend ist es, wenn man gemeinsam für eine Sache übt und trainiert. Sei es nun für einfache Wettbewerbe oder für kleine Schauvorführungen. Feste der unterschiedlichsten Art (Sommerfest, Koppelfest, Voltigiertreffen usw.) bringen Spaß und Freude, man lernt sich und andere besser kennen, kann zeigen, was man so alles gelernt hat. Wichtig ist, daß hier der spielerische Aspekt klar im Vordergrund stehen muß. Sicherlich ist es in gewisser Weise immer eine „Leistungsmessung" und ein damit verbundener „Leistungsdruck", welcher aber durch entsprechende Ausschreibung abgeschwächt werden kann. Feste dieser Art können entweder rein intern abgehalten oder in Verbindung mit anderen Einrichtungen organisiert werden.

Wochenend- und Ferienfreizeiten

Sie sind eine gute Möglichkeit, um in kompakter Form Theorie und Praxis von Reiten bzw. Voltigieren näherzubringen. Gleichzeitig kann dies einen hohen Freizeit- und Erlebniswert haben. Gemeinsam für das Frühstück zu sorgen, Pferde füttern, Stallarbeit, Training, usw. sind eine tolle Sache, wenn sie sorgfältig von langer Hand vorbereitet sind und entsprechendes Helferpersonal vorhanden ist. Bei gemischten Gruppen (behindert/nichtbehindert) muß auch das Verhältnis stimmen. Im Rahmen einer Freizeit können auch Wanderreiten und Lagerleben mit Pferden organisiert werden. Wenn angestrebt, so ist es eine gute Sache, im Rahmen eines Kompaktkurses z. B. „das Kleine Hufeisen" abzulegen. Sinnvoll ist es sowieso, die Freizeit mit etwas Besonderem zu beenden, sei es mit der Abnahme eines Leistungsabzeichens, mit einem großen gemeinsamen Ausritt, Abend am Lagerfeuer, einer Organisation eines kleines Wettkampfes oder was Ihnen sonst noch so einfällt.

Schauvorführungen

Behindertenfeste

Sollten Sie zu einem Fest in einer Therapieeinrichtung eingeladen sein und gebeten werden, ob Sie nicht eventuell eine Vorführung mit den Pferden dort machen könnten, dann sagen Sie zu. Es geht dort selten um das Zeigen einer „perfekten" Vorführung, sondern einzig und allein um die Freude und die Bewunderung einer Vorführung mit den Therapiepferden. Wenn Sie einmal in die leuchtenden Augen der behinderten Zuschauer geblickt haben, werden Sie verstehen, was ich meine. Oft noch Monate danach wird davon gesprochen werden.

Bevor der entscheidende Tag da ist, sollen Sie jedoch mindestens einmal vor Ort gewesen sein, um sich von den äußeren Umständen ein Bild machen zu können. Nicht, daß es Ihnen womöglich passiert, auf einer abschüssigen, unebenen Wiese eine Voltigiervorführung machen zu müssen. Ist der abgesteckte Reitplatz vielleicht auch nur 15 x 20 m groß, Sie aber eine Quadrille eingeplant hatten, sollten Sie sich ebenfalls schnell etwas einfallen lassen. Selten ist dies böse Absicht, in der Regel eher Unwissenheit. Mit Sicherheit wird man Ihre konstruktive Kritik schnellstmöglich versuchen, umzusetzen.

Ausstellungen und Messen

Sie bieten eine hervorragende Möglichkeit, um einer möglichst breiten Masse die Bereiche des Therapeutischen Reitens zu demonstrieren. Von Vorteil ist es, wenn Sie selbst den Sprecher der Schaunummer stellen können. Nicht immer kann ein Stadionsprecher oder Hallenansager genau das „rüberbringen", was Ihnen wichtig wäre. Leider sind die Abreiteplätze auf diesen Großveranstaltungen oft heillos überlaufen, so daß Sie Probleme haben werden, sich und Ihre Truppe in Ruhe auf den Auftritt vorzubereiten. Fragen Sie, ob sie zwischen den Prüfungen trainieren können bzw. wann die beste Zeit des Trainings wäre.

rttrt

trtrt

Wenn Sie Pech haben, heißt es knallhart „6.00 Uhr morgens"! Der Lärmpegel auf Ausstellungen und Messen ist für viele Pferde irritierend und nervend, seien Sie also entsprechend vorsichtig und behutsam beim Training bzw. während der Vorführung. Aus Sicherheitsgründen ist es von Vorteil, die Zuschauer zu bitten, während der Vorführung nicht zu klatschen.

Großteils ist bei diesen Großveranstaltungen der Behinderten-Reitsport als Vertreter des Therapeutischen Reitens dabei. Pferde, die regelmäßig im Turniersport eingesetzt werden, finden sich wesentlich leichter im Messetrubel zurecht als Pferde, die fast ausschließlich zu Hause im Therapiebereich eingesetzt werden. Doch auch hier ist größte Vorsicht geboten, und die Pferde sind von Nichtbehinderten abzureiten. Die Zuschauer sollten lieber auf das Klatschen verzichten. Nichts ist für den Therapiebereich schädlicher als ein Unfall vor so großer Kulisse. Schauvorführungen wurden bisher auf so großen Messen wie z.B. der Eurocheval, Bayerns Pferd und sogar auf der Equitana vorgeführt. Die Resonanz war immer hervorragend.

Turniere

In den meisten Fällen liegt es nahe, wenn integrativ ausgeschrieben ist und behinderte Reiter vor Ort sind, auch gleich noch eine kleine Vorführung mit einzubauen. Noch geschickter ist es jedoch, für die behinderten Reiter eine Kür auszuschreiben, die auch kostümiert geritten werden kann. Dann haben Sie nämlich gleich zwei Fliegen mit einer Klappe geschlagen. Auch ist es möglich, auf einem Reitturnier eine kleine Voltigiervorführung darzustellen. Dabei sollte aber nicht gerade der Parcours umgebaut werden, die Lautsprecheranlage überprüft, der Nachbarplatz gefahren usw. Sie glauben gar nicht, was so alles passieren und auf Sie zukommen kann.

Grenzen der Einsatzmöglichkeiten

Wie schon mehrfach bei der Ausbildung des Therapiepferdes erwähnt, ist nicht jedes Pferd für jeden Bereich des Therapeutischen Reitens geeignet. Vielleicht fühlt es sich als Hippo-Pferd sehr wohl, verzweifelt aber, sobald es einen selbständig reitenden Behinderten auf seinem Rücken tragen soll. Nicht jedes Pferd, daß gut und sicher an der Longe geht, kann als Voltigierpferd ausgebildet werden. Vielleicht bekommt es auch immer einen Riesenschrecken, sobald Sie mit bunten Spielematerialien hantieren. Wenn auch bei vorsichtigster Schulung kein Erfolg in Sicht ist, dann akzeptieren Sie bitte das Verhalten Ihres Pferdes. Es wird in anderen Dingen, die sie von ihm verlangen, vielleicht umso besser sein.

Bedenken Sie auch, daß wir unseren Therapiepferden eine gewisse Verpflichtung gegenüber haben. Wir müssen nicht nur dafür sorgen, daß sie gut gehalten werden, ausreichend Futter, Einstreu und Weidegang haben, sondern daß wir auch auch innerhalb der

Therapiearbeit Sorgfalt walten lassen müssen. Ich persönlich bin der Meinung, daß nicht jeder Behinderte um jeden Preis auf das Pferd muß. Behinderte, die ein Zuviel an Körperfülle haben, lehne ich schon einmal ab – zugunsten meines Pferdes. Man muß auch einmal nein sagen können, wenn die geistige Behinderung sowie deren Auswirkung zu stark sind – oft vielleicht auch noch verbunden mit schwerer körperlicher Behinderung und starker Bewegungsunruhe, so daß man dem Pferd wirklich nicht zumuten kann, unter einem solchen Reiter seine Aufgabe zu erfüllen. Die psychische und physische Belastung für das Pferd im Therapieeinsatz darf nicht unterschätzt werden. Therapiearbeit ist Schwerstarbeit, und diese kann nur über einen begrenzten Zeitraum erfolgen. Der Einsatz eines Therapiepferdes von über den Tag verteilten zwei bis drei Stunden ist sicherlich realistisch. Für manche Pferde kann jedoch eine Stunde als Einsatz ausreichend sein. Beobachten Sie Ihr Pferd genau und wägen Sie ab. Manchmal bleibt leider trotz bester Betreuung und bestem Einsatzes nichts anderes übrig, als ein Pferd schweren Herzens aus dem Therapieeinsatz zu nehmen, entweder aus Altersgründen oder aber, weil es keine Freude mehr an der Therapiearbeit hat. Zögern Sie nicht, es hat es sich auf jeden Fall durch seinen gebrachten Einsatz mehr als verdient. Leider habe ich schon zu oft Therapiearbeit auf Kosten des Pferdes gesehen – und dies in allen drei Sparten des Therapeutischen Reitens.

„Das höchste Glück der Erde …"

Fotos und Zeichnungen behinderter Kinder, die damit ihre Therapiepferde und die Reittherapie nebst Umfeld darstellen wollten, sprechen für sich!

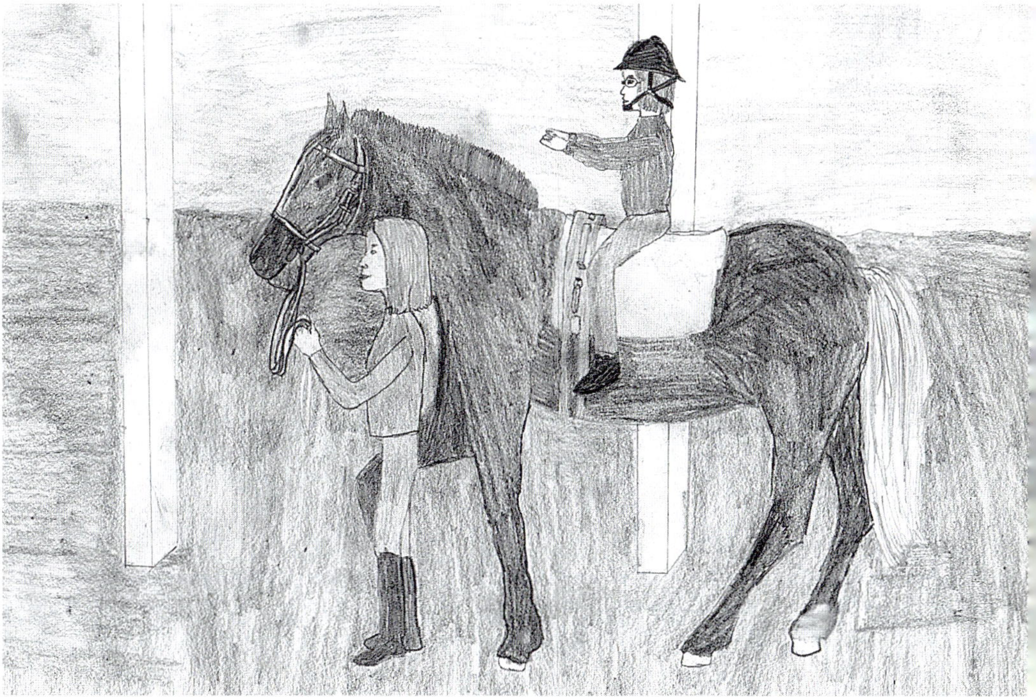

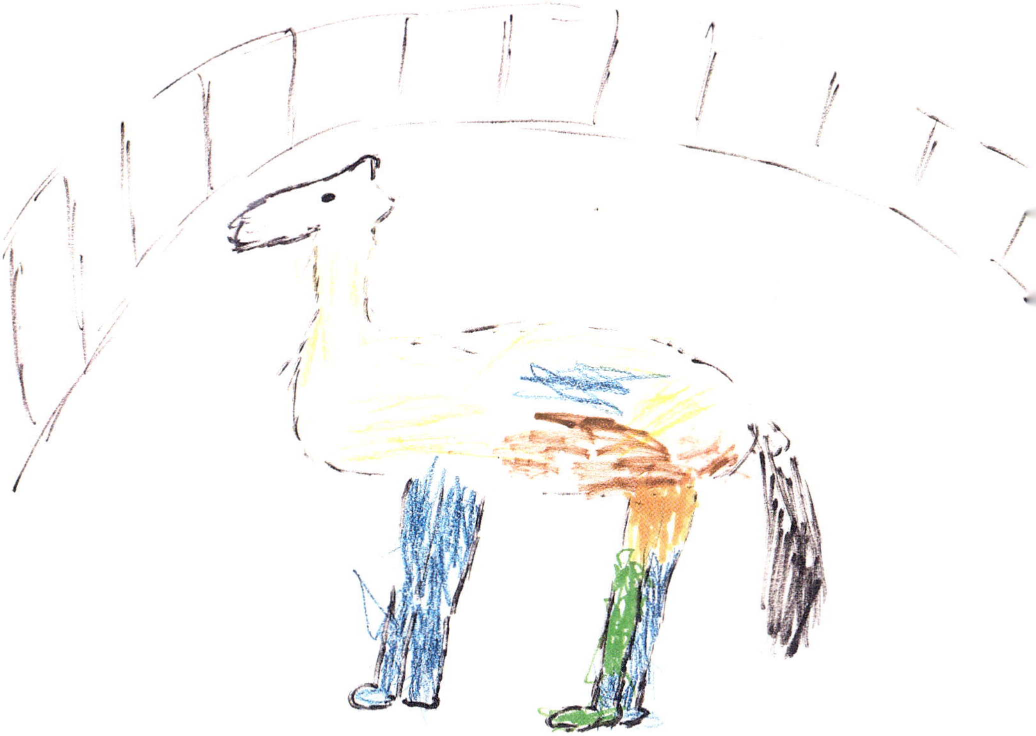

„Ich mag ihn so gerne, daß ich ihn sogar zu meiner Kommunionsfeier eingeladen habe!"

92

„Tschüß, bis zum nächsten Mal!"

Hier, am Ende der Therapiestunde spielen wir „Hütchentransporter".

*„So Ihr Lieben, nun ist aber wirklich Schluß!
Ich habe jetzt Feierabend!"*

Jane Thelwall: Pferdetraining individuell. Müller Rüschlikon Verlag

Petra und Wolfgang Hölzel, Martin Plewa: Profitips für Reiter. Franckh-Kosmos Verlag

Uta Engelmann/Winfried Buurmann-Paul: Vom Fohlen zum Reit- und Fahrpferd. BLV Verlag

Ingrid und Rainer Klimke: Cavaletti. Franckh-Kosmos Verlag

Sally Swift: Reiten aus der Körpermitte. MüllerRüschlikon Verlag

Kurt Albrecht: Ausbildungshilfen für Pferd und Reiter. BLV Verlag

Handbuch Pferd. BLV Verlag

Marlitt Hoffmann: Reiterrallyes-Reiterspiele. Franckh-Kosmos Verlag

Wilhelm Kaune: Das Heilpädagogische Voltigieren und Reiten mit geistig behinderten Menschen. FN Verlag

Wolfgang Heipertz: Therapeutisches Reiten. Franckhs Reiterbibliothek

Helga Vogel: Das Pferd als Partner des Behinderten. Müller Rüschlikon

FN-Richtlinien Handbücher, Bd. 1: Grundausbildung für Reiter und Pferd; Bd.2: Ausbildung für Fortgeschrittene Bd.3: Voltigieren Bd. 6: Longieren

94

Informationen
zum Therapeutischen Reiten und die jeweiligen Zusatzausbildungen erhalten Sie beim :
Kuratorium für Therapeutisches Reiten, FN, Freiherr-von-Langen-Str. 15, D-48231 Warendorf

Adressen der Landesverbände
sowie der Reit- und Fahrschulen erhalten Sie über:
FN Reiterliche Vereinigung, Freiherr-von-Langen-Str. 15, D-48231 Warendorf

Landeszuchtverbände
Diese sind staatlich geführt, sind zuständig für die regionale Betreuung der Züchter, stellen die Zuchtpapiere aus und führen die Zuchtbücher. Am besten fragen Sie bei Ihrem Verband nach, welche Rassen dort eingetragen werden. Lassen Sie sich dann die entsprechenden Züchterlisten zuschicken.

Überregionale Zuchtverbände
Diese sind ebenfalls staatlich anerkannt, aber überregional tätig, führen ebenfalls die Zuchtbücher und stellen die entsprechenden Papiere aus.

Züchtervereine/IG – Interessengemeinschaften
Das sind Vereine, die die entsprechenden Rassen fördern und vertreten aber keine Zuchtbücher führen und kein staatlich anerkannter Zuchtverband sind, z.B.:

Freundeskreis Criollos, Perhamer Str. 76, D-80687 München

IG Fjordpferd (IGF), Bechhofen 23, D-91564 Neuendettelsau

IG Shetlandpony, Albert-Mertes-Str. 5a, D-47929 Grerath-Oedt

Welsh-Ponys und Cobs
Englands königliche Ponys

K aum eine Ponyrasse ist so vielfältig wie die Welsh-Ponys. Sie haben für jeden Geschmack etwas zu bieten: Vom Kinder- und Jugendpony bis zum Erwachsenenpferd, die walisischen Pferde sind fast in jedem Bereich einsetzbar. Doch in erster Linie sind sie Freizeitkameraden, die genügsam sind, robust und wenig krankheitsanfällig und auch an die Fütterung wenig Ansprüche stellen. Aber nicht nur im Freizeitbereich sind die Welsh-Ponys zu Hause, auch im Fahrsport kommen die Kleinen ganz groß raus, und viele Turniersiege sind ihnen gewiß.

Lassen Sie sich in die Welt der Welsh-Ponys und -Cobs entführen! Die Autorin und Welsh-Pony-Besitzerin Alexandra Stupperich macht Appetit auf diese liebenswerte Rasse mit ihren verschiedenen Sektionen.

Ein Einsteigerbuch über die liebenswerte Rasse Welsh-Ponys und deren Sektionen.

96 Seiten, 24,80 DM